郑永年 ／ 著

中等技术陷阱

经济持续增长的关键挑战

中信出版集团｜北京

图书在版编目（CIP）数据

中等技术陷阱：经济持续增长的关键挑战 / 郑永年
著 . -- 北京：中信出版社，2024.5
ISBN 978-7-5217-6459-8

Ⅰ . ①中… Ⅱ . ①郑… Ⅲ . ①中国经济－经济发展－
研究 Ⅳ . ① F124

中国国家版本馆 CIP 数据核字（2024）第 092104 号

中等技术陷阱——经济持续增长的关键挑战
著者：　　郑永年
出版发行：中信出版集团股份有限公司
　　　　　（北京市朝阳区东三环北路 27 号嘉铭中心　邮编　100020）
承印者：　　河北鹏润印刷有限公司

开本：880mm×1230mm　1/32　印张：7　　字数：111 千字
版次：2024 年 5 月第 1 版　　　印次：2024 年 5 月第 1 次印刷
书号：ISBN 978-7-5217-6459-8
定价：69.00 元

目录

前言

　　2022 年召开的中国共产党第二十次全国代表大会提出"高质量发展是全面建设社会主义现代化国家的首要任务","以中国式现代化全面推进中华民族伟大复兴"。中国式现代化具有五个特征:一是人口规模巨大的现代化,二是全体人民共同富裕的现代化,三是物质文明和精神文明相协调的现代化,四是人与自然和谐共生的现代化,五是走和平发展道路的现代化。人们可以说,这是一个"五位一体"的全方位、立体式的现代化定义,也是最高标准的现代化定义。这五个特征中,除了第一个特征具有"中国特色",其余四个特征可以说是普遍性价值观,是各个国家在现代化过程中都要努力争取实现的。虽然"中国式现代化"更多的是从政策层面来加以定义的，但这绝对不是重构一个现代"乌托邦"。实际上，所有这些价值也是中国改革开放以来一直追求的目标和价值，并且在一定程度上已经实现。也就是说，中国式现代化这五个特征是对中国实践和实践所追求目标的政策表述。

然而，要实现中国式现代化的宏大目标还须付出巨大的努力。首先，现代化始于近代的西方。自近代到今天，如果把西方和其他一些发达经济体定义为已经实现现代化的经济体，那么总人口在10亿左右，而今天中国的人口是14亿左右。其次，就中国式现代化其他四个特征的表述而言，中国并不满足于迄今已经实现现代化国家所体现出来的特征。光就人口规模来说，人们就足以体会到中国式现代化的难度了，而要避免发达国家各方面并不协调的现代化、实现全面协调的现代化则更加困难。

中国式现代化需要从现实的环境中来实现，而今天的中国面临内外环境的急剧变化。从内部发展水平来看，虽然改革开放以来我们实现了从"站起来"到"富起来"的大转型，从一个贫穷国家提升为世界第二大经济体，全面建成了小康社会，但是还须实现从"富起来"到"强起来"的转型。虽然"现代化"是一个复合概念，涉及方方面面，有物质层面的、制度层面的和社会（人）层面的，但从近代以来的经验看，现代化主要是由科技进步所引发的其他方面的变化。科技变化促进经济、政治和社会的变化，而科技变化本身也需要内在和外在的动力。也就是说，科技和其他方面的现代化是相辅相成的。

科技进步最直接的表现便是一个国家的经济发展。就经济指标而言，中国和发达国家依然有很大的距离。虽然一些社会群体和一些地区已经达到发达经济体的水平，但因为发展的不平衡，总体来看，我们国家还处于中等收入经济水平。人均GDP（国内生产总值）虽然已经从20世纪80年代的不到300美元发展到今天的约 13000 美元（截至 2023 年），但与发达经济体的 50000~60000 美元还有很大的差距。就中等收入群体来说，虽然我们的这一群体数量已经达到了 4 亿，绝对规模很大，但只占总人口的 30% 左右，而发达经济体的这一比例一般为 60%~70%，至少是 50% 以上。

就外部环境来看，国家面临更为严峻的挑战。改革开放以来，我们内部的现代化和外部的全球化是相向而行的，两者互相依赖、互相强化。但是，今天这个情况不再存在。美国和一些西方国家盛行经济民族主义和贸易保护主义。尤其是，美国把中国界定为唯一一个有能力和意志在全球范围内对美国构成竞争的国家。反映在其对华政策上，美国伙同其盟友对中国的高科技实行"卡脖子"和"系统脱钩"。虽然在欧盟考虑到其企业的利益而使用"去风险"的概念之后，美国也使用了"去风险"这一概念，但对美国来说，无论是"脱钩"还是"去风险"，其最终目标都是统一的，即遏制中国的科技发展，维持其绝对霸权地位。同时，美国也在塑造中国的周边环境，对中国构成越来越大的地缘政治压力。比较而言，中国失去了此前那些成功跨越中等收入陷阱经济体的外部条件。

中国面临的问题是：在这样的内外部条件下，如何实现高质量发展，下一阶段实现中国式现代化的目标。实现高质量的经济发展是由很多要素共同促成的，但是从世界经济史的经验来看，无论是最先实现工业化的西方国家，还是成功跨越中等收入陷阱而成为发达经济体的后发国家和地区，抑或是那些长期陷入中等收入陷阱的经济体，技术升级和基于技术升级之上的产业升级是其从中等收入跨越到高收入经济体的关键与核心。尤其是对中国这样一个大型经济体来说，如果无法实现技术的升级，就很难实现高质量的经济发展。长期以来，国际学术界盛行"国家为什么会失败？""国家为什么会成功？"方面的研究，大多数研究指向制度要素。但这些研究尤其是西方的研究具有浓厚的意识形态导向，以及用简约的制度要素来解释发展和不发展。正如科技变化和其他方面的现代化是相辅相成的，制度要素和科技的变化的确有关联，即制度要素既可以推进科技的发展，也可以对科技进步构成阻力。但实际上，制度属于上层建筑，经济是基础，而科技更是经济的核心。近代以来的社会政治变迁都是一波又一波的工业革命启动和造就的。也就是说，从科技变革的角度更能透视一个社会进步的动力机制。

近年来，我和我的研究团队一直在思考中国如何实现高质量发展，从而提升为发达经济体。通过对欧美、亚洲的日本和"四小龙"（韩国、新加坡、中国台湾、中国香港）发达经济体以及拉美与亚洲那些长期陷入中等收入陷阱的经济体的比较分析，我们提炼了一个新的概念，即"中等技术陷阱"。无论是发达经济体还是陷入中等收入陷阱的经济体，它们的经验都告诉我们，一个经济体要想从中等收入水平提升为高收入经济体水平，必须跨越中等技术陷阱，或者说，跨越中等收入陷阱的关键在于跨越中等技术陷阱。从经验的角度看，一个经济体从低水平发展到中等收入水平可以借助从发达经济体扩散而来的技术来实现，但除了一些较小的经济体，大的经济体很难通过单纯的技术扩散来实现从中等收入到高收入经济体的跨越。也就是说，一个经济体在发展早期可以依赖技术扩散、依靠学习复制发达经济体转移出来的技术，但要实现高收入经济体的目标，一方面需要依靠培养"0~1"的原创性技术创新能力，另一方面则需要有能力在现有技术领域实现可持续的技术升级，即在"1~10"的技术刻度内，向最高水平进步。①

就中国的技术水平而言，无论从供应链、产业链

① 亚洲"四小龙"通过提升现有技术领域的技术水平，跨越了中等收入陷阱。例如新加坡和中国香港，并没有搞"0~1"的原创性技术，就成为高收入经济体。韩国和中国台湾的情况也类似，这两个经济体也并没有许多"0~1"的创新，但是，它们都在自己发展的技术领域内达到了较为领先的水平，即在技术刻度上达到了"8"或"9"的水平。不过，应当指出的是，这些都是小的经济体，而且很重要的一个外在条件就是，这些经济体一直是广义西方经济体的一部分，西方的技术可以源源不断地流入，之前并没有受到地缘政治的严重影响。对此，下文会有更多的讨论。

还是从价值链等维度看，目前大体上正处于中等水平。中国现在的情况是：第一，缺失原创性技术，即缺少"0~1"的技术创造；第二，发展以应用技术为主，即使就应用技术而言，中国在"1~10"的刻度内也处于"4~7"的位置，缺少"8~10"的技术水平，或者说，在很多领域还没有达到世界顶尖水平，许多核心技术及关键零部件对外依赖度依然很高；第三，中国在某些应用技术领域赶上甚至取得了世界领先水平，但这些领域还处于零散的状态，没有形成系统，或者说，中国技术的整体水平还远未达到全方位、系统性的强大。

如何跨越中等技术陷阱便是本书需要讨论的核心问题。本书共五个部分：第一部分解释为什么会产生"中等技术陷阱"现象；第二部分从不同角度来阐述和分析中国目前所处的"中等技术"水平现状；第三部分讨论中外经验和教训，既总结那些成功达到发达水平的经济体的经验，也总结那些没有成功成为发达经济体和那些长期陷入中等收入陷阱的国家和地区的教训；第四部分讨论中国目前所面临的外部环境如何对中国科技的发展构成了严重制约；第五部分是重点，聚焦讨论中国如何跨越"中等技术陷阱"并提出一些政策建议。

01.

为什么会产生"中等技术陷阱"现象

这里所说的"中等技术"是一个动态概念。就内部来说，在任何一个国家和地区，技术总是在不断变化和进步的，既可以是同一种技术的迭代与进步，也可以是新技术的出现。从外部看，"中等技术"指的是一个国家和地区与另一个国家和地区或者国家群体的技术水平比较而言的。在国际政治舞台上，后者的含义更具有意义，因为一个国家和地区的技术水平基本上决定了其在世界经济中的位置。本书中指的是第二种情形，也就是中国与包括美国、欧洲和日本在内的发达经济体的技术水平比较。

从经验的角度看，自近代以来，经济体可以分为前沿技术经济体和追赶技术经济体，前者在主要（如果不是全部）科技领域占先进地位，而后者主要是追赶或者赶超。前者是"老师"，后者是"学生"。从这两者之间的关系看，一个经济体陷入中等技术陷阱会发生在如下几种情形中。

第一，发展中国家凭借低成本优势承接发达国家成熟产业的产能转移，但长期看，由于跨国公司始终将核心技术保留在母国，仅将成熟技术向发展中国家转移，因此这就意味着，一旦成熟技术转移的红利被"收割"完毕，而发展中国家不能通过自身的努力实现现有技术领域的技术水平提升，同时又不能成功地将应用性技术转型为原创性技术，那么其经济增长就会进入长期相对停滞的状态。

即使是产能从发达国家向发展中国家转移，也具有很大的不确定性。从经验的角度看，要实现产能从先发经济体向后发经济体转移，开放是前提。虽然人们都认识到开放的重要性，但开放对后发经济体往往构成了严峻挑战。先发经济体具有开放优势，甚至可以实行单边开放政策，但后发经济体往往因为向先发经济体开放而成为先发经济体的市场和原材料供应地，并且对先发经济体形成高度的经济依赖。能够在开放的条件下既实现产能从先发经济体向自身转移，又能够赶上先发经济体并保持经济的相对独立的后发经济体非常少。成功者进入发达经济体行列，失败者则长期陷入中等收入陷阱，甚至长期处于"低度发展陷阱"。

第二，无论是科学还是技术，其本质都是开放，即科学技术只有在开放的过程中才能得到发展。从经验的角度看，科技思想必须比较自由地传播，应用技术在互相开放的竞争状态中才能得到改进。如果发展中国家不能很好地为其国内科研领域的研究人员创造自由的思想空间，或者不能保持对外开放，就将导致它的技术水平无法得到可持续提高。

而对很多发展中国家来说，思想市场的开放甚至较之贸易和投资的开放更为困难。一旦思想市场开放了，发达国家的各种思想就会蜂拥而入，影响当地社会的文化和思想，而这往往被认为会影响当地社会的整合和稳定。因此，一些后发经济体甚至连贸易和投资市场都不开放，因为贸易和投资也会带来本地社会的思想变化。另一些后发经济体可以选择贸易和投资市场的开放，但对思想市场实行有效的管控。也有一些国家意识到，尽管外来思想会影响当地社会的方方面面，但如果不能引入外来思想，本地社会就会缺失变化的动力，因此这些国家往往采用全面开放和有效管理的政策，在实现科技进步的同时维持有效的治理体系。

第三，发展中国家科技人才流失也是其无法克服中等技术陷阱的一个重要原因。许多发展中国家自身培养的科技人才本来就有限，而这些人才由于工作机会、经济待遇和生活质量等原因，常常被发达经济体专业的移民政策所吸引，导致发展中国家面临严重的人才短缺问题，大大制约了其发展的步伐。这里应当强调的是，后发经济体在人才领域大都面临几乎不可逾越的困难：一方面，后发经济体的科技发展缺少内生动力，往往要把人才送到先发经济体进行学习和培训，但因为先发经济体拥有各种优越的条件，很多人才选择留在先发经济体工作；另一方面，在人才领域，先发经济体往往实行单边开放政策，即容许甚至鼓励后发经济体的人才到先发经济体学习和工作。从经验的角度看，近代以来，世界各国人才都是从后发经济体向先发经济体流动，而不是相反。尽管先发经济体对后发经济体偶尔有人才的援助项目，但从来没有改变过这个大趋势。

第四，更为重要的是，因为发达国家处于科技的前沿，发展中国家处于赶超的位置，一旦发达国家认为发展中国家对其科技构成竞争压力，就会对那些即将赶超自己的国家进行打压，阻碍发展中国家的技术进步，以维持自身前沿科技的地位。前沿国家对赶超国家的打压自近代以来从来就没有停止过。

第五，地缘政治因素也对科技进步产生影响。至少自近代以来，科技和地缘政治总是密切关联的，尽管人们往往忽视两者之间的关系。一方面，因为科技进步促进经济发展和增长，科技的进步尤其是重大科技的进步可以导致地缘政治的变迁，所以前沿国家往往会努力保证科技不会流向赶超国家，赶超国家则想方设法获得前沿国家的科技。另一方面，当国家间进行地缘政治竞争的时候，前沿国家往往对赶超国家实行更加严厉的科技封锁，甚至"脱钩"，从而有效阻碍赶超国家的科技进步，以保持自身的地缘政治优势。

02.

中国的中等技术水平现状

改革开放以来，中国的科技取得了长足的进步，在包括航空航天和军事工业在内的一些领域赶上甚至超越了很多发达国家，但就整体科技系统而言，尤其是在最能衡量一个经济体的技术水平的制造业领域，中国依然处于中等技术水平。

　　在过去数十年间，中国被视为世界的制造业基地，"世界工厂"、"中国制造"甚至"中国创造"一度成为众所周知的词语。的确，从绝对值来看，中国制造业在2021年的增加值全球占比高达29.79%，接近美国、日本、德国、韩国、印度五国的总和（30.82%）。然而，与世界一流制造业强国相比，中国制造业体现为大而不

强。根据中国工程院 2019 年、2020 年发布的制造强国
发展指数，中国制造业的技术强度仍然处于第三阵列，
甚至面临被第一、二阵列的美国、德国、日本等发达国
家掣肘于中低端的风险（表 2-1）①。

表 2-1　2019—2020 年各国制造强国发展指数

年份	第一阵列	第二阵列		第三阵列				其他	
	美国	德国	日本	中国	韩国	法国	英国	印度	巴西
2019 年	168.7	125.7	117.2	110.8	74.0	70.1	63.0	43.5	28.7
2020 年	173.2	125.9	118.2	116.0	74.4	69.4	61.5	44.6	27.4

资料来源：中国工程院《2019 中国制造强国发展指数报告》《2020 中国制造
强国发展指数报告》

　　中国信息通信研究院发布的《中国工业经济发展形势
展望（2020）》指出，虽然中国从 2010 年起连续保持世界
第一工业大国的地位，产业结构不断优化，但在关键核心

————————

① 　制造强国评价指标体系着重关注制造业的技术强度，而非规模，其 4 个
　　一级指标分别是规模发展、质量效益、结构优化、持续发展。在权重设
　　计上，规模仅占 19.51%，而技术强度（包括质量效益、结构优化、持续
　　发展）的占比超过 80%。

技术上受制于人，核心基础零部件、关键基础材料、基础技术和工业等产业对外依存度在 50% 以上，集成电路的进口依赖占比为 80%，大型优质铸锻件的进口占比为 90% 左右，高档液压件、密封件的进口占比接近 100%。

以众所周知的苹果手机为例。在苹果手机的制造与销售过程中，中国主要承担组装和加工的任务，而美国则承担了设计、研发和销售的任务。根据世界银行的统计，2021 年中国高科技产品出口总值高达 9423.1 亿美元，相当于美国的（1692.2 亿美元）5 倍有余。然而，美国苹果公司 2021 年在中国大陆的总销售额就超过 7000 亿美元，是同年度美国高科技产品出口总值的约 4.5 倍。之所以有这样的"误差"，是因为世界银行的计算中简单地把中国出口到国外的高科技产品算作了"中国制造"，但事实上，中国只是完成了高科技产品的一部分中间环节（主要是加工和组装）。一项可靠的研究指出，在每一部 iPhone X（2017 年 11 月开售）的销售中（售价为 999 美元），苹果公司就能通过产品设计和操作系统知识产权赚取 590.8 美元的利润。相对而言，中国企业（如富士康）通过采购来自国外的零部件进行加工和组装，只赚取了 104 美元的利润，是美国苹果公司所获利润的 17.6%。[①] 同样的情况也发生在其他类似的高科技产品上，比如计算机和智能手机。

科技创新能力是衡量一个国家长期实力的标准。从早期德国和美国的经验来看，通过公共教育体系培养大量人才是它们赶超守成国的关键。这里所说的科技创新能力指的不仅是基础研究领域的科研能力，也包括了科技成果转化能力，即为提高生产力水平而对科技成果所进行的后续试验、开发、应用、推广直至形成新技术、新工艺、新材料、新产品，发展新产业等活动。随着技术迭代速度的不断提升和新兴技术的发展，科技创新能力已经成为在评估大国竞争力时必须单独考察的一个指

---

① Xing Yuqing, David Dollar, Bo Meng. (2021). "Trade in Intangible along Global Value Chains and Intellectual Property." Global Value Chain Development Report: Beyond Production. Asian Development Bank.

标。从经验的角度看，从技术创新投入与产出的维度可以衡量一国技术创新发展的总体变动趋势：一国的技术创新投入（如研发资金）越大，创新产出（如专利数量）越多，该国技术能力也相应越强。

根据 OECD（经济合作与发展组织）公布的 2018 年数据，从研发投入规模来看，中国（4652.87 亿美元，不含台湾地区数据）排在第 2 位，仍落后于美国（6180.66 亿美元），但大幅领先于日本（1720.36 亿美元）、德国（1423.20 亿美元）和韩国（1002.83 亿美元）（图 2-1）。可以看出，科技创新已经成为大国战略竞争的核心，而美国在研发投入上依然稳居第 1 位，其他国家和地区与其还有较大差距；但从各国和地区与美国的差距而言，中国无疑是最逼近的追赶者。这也是美国把中国界定为战略竞争者的一个重要原因。从研发投入强度来看，中国（2.14%，不含台湾地区数据）排在第 16 名，略低于 OECD 平均水平（2.49%），落后于美国、以色列、韩国、日本及欧洲等主要发达经济体（图 2-2）。这

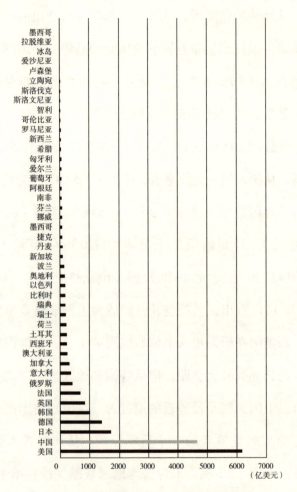

图 2-1　世界主要经济体 2018 年研发规模排名

数据来源：经济合作与发展组织"主要科技指数"（https://www.oecd.org/sti/msti.htm）；赖格、孟渤，"中国中等技术现状分析"，中国科学院院刊，第 38 卷第 11 期（2023 年 11 月），第 1596 页

中等技术陷阱

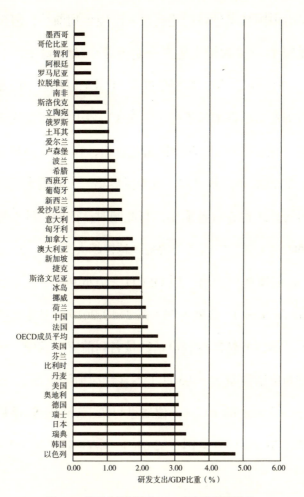

图 2-2 世界主要经济体 2018 年研发强度排名

数据来源：经济合作与发展组织"主要科技指数"（https://www.oecd.org/sti/msti.htm）；赖格、孟渤，"中国中等技术现状分析"，中国科学院院刊，第38卷第11期（2023年11月），第1596页

02 中国的中等技术水平现状

反映出中国技术创新的绝对投入已经名列前茅，但投入强度跟第一梯队相比还有一定差距。从时间序列上来看，1981—2021年，特别是进入21世纪以来，中国和美国的研发支出都增长迅猛（图2-3）。美国的研发优势显著，一直遥遥领先；而中国奋起直追，在2005年超越德国，在2008年超越日本，成为世界第二大研发大国，与美国的差距也在日益缩小；与此同时，德国、日本与第一梯队的美国、中国之间的差距越拉越大。

就创新产出而言，以OECD三方同族专利（Triadic patent families）[①]数据为例（图2-4），2019年日本、美国、中国、德国和韩国专利申请数量名列前五，其中，中国的专利申请数量为5893件（不含台湾地区数据），占世界总申请数量的10.2%，位居世界第三，但远远落后于日本（30.6%）和美国（22.6%），略高于德国（7.5%）

[①]　三方同族专利是OECD建立的重要创新指标，指申请人为保护同一项发明创造而在欧洲专利局（EPO）、日本专利局（JPO）和美国专利商标局（USPTO）申请的一系列专利。

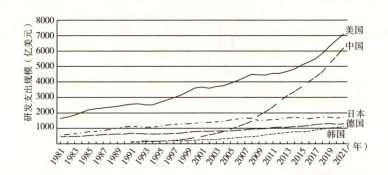

图 2-3 世界前五大研发大国 1981—2021 **年的研发支出规模发展趋势**

数据来源：经济合作与发展组织"主要科技指数"（https://www.oecd.org/sti/msti.htm）

和韩国（3.2%）。这反映出中国逐步向世界科技强国的目标迈进，但相较于日本和美国的技术领先优势，中国的技术创新能力仍然存在一定差距，追赶的空间还很大。

从时间序列上看，美国和日本站在世界科学领域前沿阵地，即第一梯队（图 2-5）。美国于 20 世纪 90 年代以来，一直引领信息技术革命，并且取得了很多原创性的技术成果。日本后来者居上，其专利数量在 1985—2000 年间呈现出高速增长的态势，并于 2000 年首次超越美国，成为世界第一，随后虽也一直领先美国，

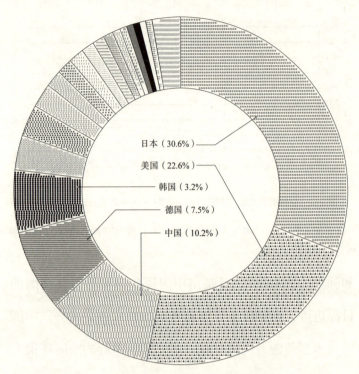

日本（30.6%）

美国（22.6%）

韩国（3.2%）

德国（7.5%）

中国（10.2%）

图 2-4　2019 年世界主要经济体的三方同族专利数量所占份额

数据来源：经济合作与发展组织"三方同族专利数据"（ https://www.oecd-ilibrary.org/science-and-technology/data/oecd- patent-statistics_patent-data-en ）

但增长逐渐疲软。而中国自 2001 年加入 WTO（世界贸易组织）后技术创新能力提升明显，先后于 2014 年超越韩国、2018 年超越德国，专利申请数量排名世界第三。

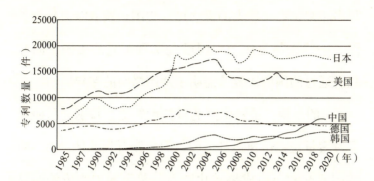

图 2-5　1985—2020 年日本、美国、中国、德国和韩国的三方同族专利数量发展趋势

数据来源：经济合作与发展组织"三方同族专利数据"（https://data.oecd.org/rd/triadic-patent-families.htm）

　　我们还可以从不同角度和深度来看中国在和主要发达经济体比较中所处的位置，但以上的讨论已经足以说明中国技术的总体水平了。总体上说，虽然从时间序列来看，中国技术进步显著，在部分产业上实现了技术赶超，但从制造业整体来看，仍位列中等水平，落后于美国、日本、德国等第一和第二梯队的技术强国。

　　这里还有必要把中国和美国单独做一下比较，因为很多年来，在一些人的概念里，中国科技有能力赶上美国，一些人甚至认为中国已经实现了赶超美国。因此，只有通过两国的比较才能明了两国之间的差异。

总的来说，虽然中国的科技创新能力特别是科研成果发表量正在迅速追赶美国，但应该看到的是，中国的基础研究和科研成果转化能力与美国的差距依然明显。尤其需要指出的是，两国的比较并不反映问题的全部，因为中美两国的科技并非孤立存在，而是嵌入在各自所处的国际与国内环境之中的。如果考虑今天中美两国科技的环境因素，那么问题会变得更加复杂。

中国在科研成果上追赶美国的趋势明显。第一，中国近年来科研水平进步非常迅速。这一点主要体现在研发支出（此处的研发支出是指政府、企业、非政府机构中的高等教育机构的研究经费支出的总和）的增长上。具体而言，中国研发费用的增速与其经济增速基本同步：从 2008 年的 1155 亿美元上涨到了 2020 年的 5821 亿美元，12 年间上涨了约 4 倍（图 2–6）。中国研发费用占 GDP 比例也从 2008 年的 1.15% 上涨到了 2020 年的 2.40%，超过了同期中国军事开支占 GDP 的比例（1.80%）。从图 2-6 中我们还可以看出，近年来，中国科研支出越来越接近美国：2010 年，中国的科研费用只相当于美国的一半，但到 2020 年，中国的科研费用已经达到了美国的 81%，超过了同期中美 GDP 比值（70.3%）。这充分说明了中国政府和企业对研发的重视程度。

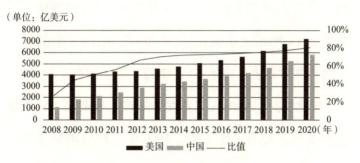

图 2-6　中美研发支出数据对比

数据来源：笔者整理自世界银行数据

中国大力提高研发支出所取得的效果，最直接地体现在了中国大学的科研文章产出上（图 2-7）。在 1996 年，中国的理工科期刊文章发表量为 37177 篇，占美国

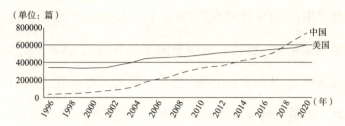

（单位：篇）

图 2-7　1996—2020 年中美理工科期刊文章发表量对比

数据来源：National Science Foundation. Publications Output: U.S. Trends and International Comparisons: October 2021

的 10.8%。但在 2003 年之后，中国研究者的理工科期刊文章发表量突飞猛进，以每年平均 5.6% 的速度增长，并在 2018 年超过了美国。①2020 年，中国大学的理工科期刊文章发表量高达 742431 篇，是美国的 1.23 倍。

与此同时，中国研究者发表的理工科期刊文章质量也有了显著提升（图 2-8）。1996 年，在引用量排名前 1% 的理工科文章中，中国研究者文章占比为 0.31%，水平与印度相当（然而在后来的十多年间甚至不如印度）。

---

① National Science Foundation. Publications Output: U.S. Trends and International Comparisons: October 2021 (Supplemental Tables SPBS-2). https://ncses.nsf.gov/pubs/nsb20214/.

但随着中国科研经费的增加，中国在引用量排名前 1%
的理工科文章中的占比于 2010 年超过了印度，于 2014
年超过了日本（达到了 0.8%）。2018 年，中国的这一占
比上升到了 1.18%，再度缩小了与榜首国美国（1.82%）
的差距。总体看来，中国理工科的学术水平在近 30 年来
显著提升，科研能力正在追赶欧盟和美国等发达经济体。

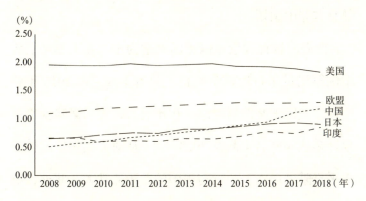

图 2-8　引用量排名前 1% 的理工科期刊文章各经济体所占比例

数据来源：National Science Foundation. Publications Output: U.S. Trends and International Comparisons: October 2021

在基础研究和科技成果转化能力上，中国与美国差
距较大。必须看到的是，虽然近年来中国大学在科研文

章发表量上超过了美国，但中国的基础科研能力依然和美国有很大差距；另外，中国大学和企业的科研成果市场转化能力与美国相比也有很大差距。

第一，中国基础科研能力薄弱，这很直观地表现在诺贝尔物理学、化学、生理学或医学奖的获奖者数量上。虽然获得诺贝尔自然科学奖的华人有 12 名，但他们大部分并非中国籍。

他们的教育背景也以美国大学为主。真正意义上的中国籍诺贝尔自然科学奖得主只有 1 人，即 2015 年获生理学或医学奖的屠呦呦。相比而言，美国诺奖获奖者累计多达 409 名（截至 2023 年）。从对人类整体的科研水平贡献度而言，中国与美国的差距非常大。此外，虽然中国的科研人员总量很大，但从密度来看中国还不算一线强国：虽然中国的每百万人中科研人员数量从 2008 年的 1176 人提升到了 2019 年的 1471 人，但只相当于美国的约 1/3（图 2-9）。中国在这个指标上也显著低于日本、英国和德国等发达国家。

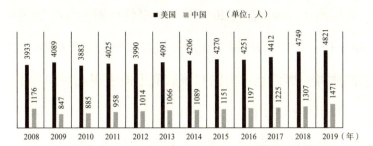

■ 美国　■ 中国　（单位：人）

	2008	2009	2010	2011	2012	2013	2014	2015	2016	2017	2018	2019（年）
美国	3933	4089	3883	4025	3990	4091	4206	4270	4251	4412	4749	4821
中国	1176	847	885	958	1014	1066	1089	1151	1197	1225	1307	1471

图 2-9　中、美每百万人中科研人员数量对比

数据来源：笔者整理自世界银行数据

　　第二，中国在科研成果转化能力方面与美国之间的差距，可以通过国际知识产权收款（international IP receipts）来进行观察。① 和美国相比，中国的个人或企业获得的国际知识产权收款总额非常低。1996 年，中国的国际知识产权收款总量仅为 5500 万美元，相当于

---

① 　根据世界银行的定义：知识产权许可费是指居民和非居民之间为在授权的情况下使用无形、不可再生的非金融资产和专有权利（例如专利、版权、商标、工业流程和特许权），以许可的形式使用原创产品的复制真品（例如电影和手稿）而进行的付款和收款。一般来说，一个国家收到的国际知识产权收款越多，意味着这个国家的企业或个人所拥有的知识产权越有市场价值，也意味着这个国家的科研成果市场转化能力越强。因此，国际知识产权收款可以被视作衡量一国科技创新实力的参考值。

美国的 0.17%。直到 2016 年——也就是用了将近 20 年时间——中国的国际知识产权收款才突破了美国的 1%。但值得一提的是，中国在该数值上的表现此后出现了比较爆发性的增长（图 2-10）：2017 年，中国的国际知识产权收款为 48 亿美元，相当于 2016 年的 3.14 倍；

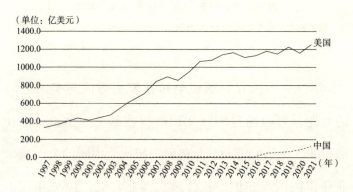

图 2-10　中、美国际知识产权收款对比

数据来源：笔者整理自世界银行数据

2021 年，中国的国际知识产权收款突破百亿美元大关，上升到了 117.4 亿美元。不过即使如此，中国 2019 年的国际知识产权收款也依然不到美国同期水平的 1/10（9.42%）。中国在这个指标上的水平也显著低于日本、

德国和英国等发达经济体。这说明，中国的知识产权还没有得到国际市场的认可，中国的科研成果转化能力还需要更多时间积累。

中国科技创新能力的短板也体现在风投体系与国际人才上。换句话说，中国与美国在科研成果市场转化能力上的差距体现在两方面：一是风投体系，二是对国际人才的吸引力。这两点决定了一个国家未来的科技创新潜力。科技成果转化存在很高的风险，即使在美国，成熟的大公司也很少愿意把大量资金投入全新技术的开发中。因此，风投体系和企业家对于科技成果转化尤为看重。企业家拥有把处于"沉睡"状态的科技成果与市场需求连接的能力，风投则为企业家的经营提供了重要的初始资金支持。美国的大规模语言生成系统 ChatGPT 就是风投体系与企业家精神组合的结果。较为完善的风投体系和发达的企业家文化，是美国科技企业不断发展、新产品层出不穷的重要原因。

第一，美国的风投体系比中国更完善。从资产管理规模（AUM）上看，中国风投行业的规模虽然在不断增加，但和美国相比差距依然巨大。中国风投的资产管理规模在 2019 年达到了 1856.4 亿美元，创下了历史新高，但与美国 4490.0 亿美元的规模相比依然有很大差距（图 2-11）。中国风投资产管理规模占 GDP 比例虽然已经从 2015 年的 0.3% 上升到了 2019 年的 1.3%，但依然低于美国 2.1% 的水平。[①]

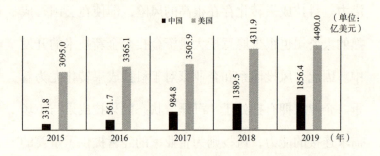

图 2-11　中、美风投资产管理规模对比

数据来源：麦肯锡，《透视中国创投生态，抓住十年黄金期》，2020 年

　　美国的风投行业已有 70 多年历史，其风投公司的专业化和市场退出机制都较为完善。苹果、英特尔、雅虎

---

①　麦肯锡，《透视中国创投生态，抓住十年黄金期》，2020 年，第 7 页。

等全球闻名的公司最初都是通过风险投资筹集资金建立发展起来的。相比而言，中国的风投体制在 1985 年才刚刚起步。中国的风投公司大多由中央政府、地方政府、国资委和发改委组建。这些公司受到种种监督机构的限制，高管大多是政府任命，而非行业人士，因此投资决策相对保守。虽然近年来民间风投公司比重在增加，但政府和国有资本仍占有重要地位（约占 30%）。事实上，中国许多互联网企业背后是美国资本，而非本土资本。根据独立研究机构莱鼎集团的数据，2000 年至 2019 年间，中国公司得到的风投资金中有 1/5 来自美国风投公司。[①]很多中国科技创新企业也选择在美国而非中国上市。

第二，美国有世界顶级的吸引国际高端人才的能力。这里必须指出的是，国际高端人才不仅仅会给国家带来先进的技能和知识，还会给国家经济注入强大的企业家

---

① Adam Lysenko, Thilo Hanemann, Daniel H. Rosen. (2020). Disruption: US-China Venture Capital in a New Era of Strategic Competition. Rhodium Group: 34.

精神。美国智库新美国经济（New American Economy）的一份调查显示，在美国科技创新产业较为活跃的州（如加利福尼亚、新泽西和佛罗里达），移民占州总人口的比例达到 25% 左右。移民在企业家中的比例更高。例如在美国加州，移民在企业家中的占比高达 38.6%。也就是说，每 5 个加州企业家里差不多有 2 个是移民。值得注意的是，移民占企业家的比例往往比移民占州总人口的比例高出 10% 左右（表 2-2）。这说明，到美国的移民比原住民更有意愿创业。

表 2-2　美国部分州移民占企业家与州总人口比例

美国各州	移民占企业家比例	移民在该州人口占比
加利福尼亚	38.6%	26.7%
新泽西	35.5%	23.4%
佛罗里达	34.6%	21.2%
纽约	32.5%	22.4%
得克萨斯	29.0%	17.1%
内华达	26.2%	19.9%
马里兰	24.4%	15.3%
马萨诸塞	24.0%	17.3%

美国各州	移民占企业家比例	移民在该州人口占比
伊利诺伊	22.9%	13.9%
弗吉尼亚	22.8%	15.3%

数据来源：新美国经济

　　著名经济学家约瑟夫·熊彼特认为，企业家能通过整合资源与市场来实现创新，是资本主义的灵魂。资本主义经济之所以经历多次周期性波动依然能不断发展（即"创造性破坏"），很大程度上是依靠企业家的创新精神。国际高端人才往往具有强烈的企业家精神。与原住民不一样，移民往往有丰富的知识，但缺乏财富积累和社会资源，因此，他们创业和承担风险的意愿相对更高。从这个角度来看，一个国家越能吸引国际高端人才来长期安家，就越能提升社会整体的企业家精神，也就越能提升国家的科技创新能力。

　　事实的确如此。非营利性组织美国政策国家基金会（National Foundation for American Policy）于 2022 年 7 月公布的一份研究报告显示，硅谷目前估值超过 10 亿美元的初创公司中，超过 2/3 是由美国第一代移民或第二代移民创建的。[1] 在全美 582 家价值 10 亿美元以上的独角兽公司中，319 家（占 55%）的创始人至少有一名是移民。在这 319 家公司中有 153 家（占 48%）是在湾区 [2] 成立的，其中包括 Stripe、Brex、Instacart、Databricks 等数十家顶级行业公司。算上由第二代移民创办或参与创办的独角兽公司，这一比例将上升到 2/3。特斯拉公司创始人马斯克就是来自南非的移民。许多华人企业家在中国国内攻读本科，然后前往美国攻读硕士或博士学位，毕业后在美国的旧金山等湾区开始高新技术领域的创业。美国的科技创新能力在很大程度上要归功于活跃的国际高端人才。

从外国人绝对数量来看，中国的国际吸引力远远低

---

① 广州粤港澳大湾区研究院：硅谷"独角兽"，外国移民创？参见：https://static.nfapp.southcn.com/content/202211/25/c7108989.html。——编者注

② 湾区是海岸线向内陆凹陷的地理单元，一般都是港口经济，对当地的工业起到带动作用，科技、教育也会不断进步，人口也会越来越多，从而开始形成大规模的城市群，例如旧金山湾区、纽约湾区。——编者注

于美国。美国硅谷居民中有 37.4% 的人口（约 300 万人）为非美国本土出生人士（加入美国籍的移民）。相比之下，上海作为中国大陆国际化程度最高的城市，2022 年的常住外国人数量只有不到 46 万，相当于上海总人口的 1.8%。按照国际惯例，外籍人士比例达到 5% 时，一个城市才能称得上是国际大都市。从这个角度而言，除了香港地区，中国内地还没出现真正意义上的国际大都市。中国近年来通过"千人计划"等方式引进了许多国际人才，但必须指出的是，他们中的大多数人是取得了外国绿卡或国籍的华人科研工作者，而非真正意义上的外籍专家。中国对国际人才的吸引力还有很大提升空间。

03.

制约中国跨越"中等技术陷阱"的
外部环境

必须承认，在过去几十年的发展过程中，我们大量应用了起源于发达经济体的技术。美国这些年来一直污蔑我们，说我们的发展是"偷"了美国的技术。美国一些政治人物的观点是从意识形态出发的，不是从技术本身的发展逻辑出发的。中国的确大量应用了美国和西方国家的技术，但这也有效帮助了美国和西方国家自身技术的升级。无论是基础科学研究还是技术的应用转化，都是需要大量资金投入的，技术需要转化成产品，在市场上出售之后得到回报，否则很难实现自身的可持续发展。因此，一个国家需要把老一代的技术转移到另外的国家，得到足够的回报，才能实现可持续的技术升级。

这些年，美国等西方国家把大量的老一代技术转移到中国，得到了丰厚的回报，实现了国内技术的不断升级。在这一过程中，中国在成为最大的西方技术应用市场的同时，也从这种技术转移过程中得到了发展。

同时，这个事实也要求我们对我国所处的技术水平有一个科学客观的认识。在过去的数十年里，中国被视为"世界制造工厂"，"中国制造"享誉全球。但必须意识到，"中国制造"和20世纪80年代以前的"美国制造""德国制造""日本制造"等有全然不同的含义。在20世纪80年代以前，发达经济体制造的大都是整产品，但"中国制造"实际上是"中国组装"。20世纪80年代以降的"超级全球化"促进了包括资本、技术和人才在内的生产要素在全球范围内的流动，形成了今天人们所见的产业链和供应链。今天，没有一个国家能够包揽技术的整个产业链和供应链，一个国家只能占据一个产业链和供应链的其中一部分，并且努力往上爬，形成价值链竞争。大体上说，中国在这一波全球化中占据了产业链和供应链的中下端。

这一过程至少说明了两点：第一，技术的扩散是双赢的，输出国和输入国都能够从中受益；第二，原创性技术是等不来的，需要依靠自己。美国和西方国家从来没有，也不会把最先进的技术输出到中国。最发达国家，无论是资本还是政府，都害怕其他国家掌握最先进的技术，因此一旦出现竞争者，往往对竞争者实行打压政策。这里既有"内部打压"，也有"外部打压"和封锁。美国打压日本、德国和法国就是典型的"内部打压"的例子。这些国家都属于西方阵营，并且是美国的盟友，但美国照样无情打压。在美苏"冷战"期间，美国对苏联的政策便是"外部打压"和封锁的典型例子。

从技术升级这个角度看，今天要实现高质量发展面临着重大的挑战。改革开放以来，我们走过的历程基本上和日本与亚洲"四小龙"类似，即西方市场基本上是向我们开放的。也就是说，我们的技术现代化和全球化是相向而行的，这两者互相依赖、互相促进和强化。但今天的情况则很不一样了。从前是全球化，现在则是逆全球化。虽然美国也打压日本，但日本不仅是西方经济的一部分，更是美国安全系统的一部分，美国对日本的打压是有限的。亚洲"四小龙"更不用说了，因为其体量小，很难对美国构成任何挑战，更谈不上威胁了。对美国来说，今天来自中国的竞争与之前的竞争根本不是同一个级别和性质的。我们可以把美国此前对日本、德国和法国的技术打压称为"体制内打压"，把美国在"冷战"期间对苏联和今天对中国的技术打压称为"体制外打压"。不难理解，今天美国对中国的打压是全面的，如同当年对苏联的打压，但因为中国和苏联不同，所以美国对中国的打压又是史无前例的。

中国的快速崛起使得美国和一些西方国家认为中国不仅对它们的经济竞争力构成了挑战，更对它们的国家安全构成了挑战。因此，自特朗普政府以来，美国全方位地阻碍中国技术进步的意图明确，手段极其恶劣，无所不用。中国在关键技术领域面临美国"卡脖子"、封杀、竞争等手段的严峻挑战。虽然美国使用的是"竞争"概念，但这种"竞争"远远超越经济学意义上的竞争。正如美国自己所言，美国动用的是一种"全政府"和"全社会"的方法。

今天，美国对华科技竞争集中在半导体、电信设备、可再生能源、生物技术和人工智能的军事运用、量子技术、全球数字治理等关键技术领域。在不同领域，中美所拥有的实力不同，美国对华"科技脱钩"政策的侧重和有效性也不尽相同。

第一，在半导体领域，美国对中国采取的主要方式是扼杀，这一领域也是美国对华"卡脖子"的主要领域。美国等西方国家的半导体企业拥有绝对的技术优势和市场地位，同时由于半导体是其他许多产业的上游，美国在半导体领域的优势可以帮助其在许多技术行业实现总产业链方面的技术控制，这是美国技术优势的核心。中国在半导体领域的赶超行动是美国高度忌惮的，因此美国在半导体领域的对华"科技脱钩"政策也是最为激进的。2022 年 8 月 9 日，拜登签署《芯片和科学法案》，同期美国又组建"芯片四方联盟"。这些举措的主要目的就是阻碍中国获得关键技术，通过断供技术、人才、设备等手段，破坏中国现有的技术投资。

第二，在电信设备领域，美国是挑战者和破坏者。中美电信技术的依存度很高，但中国企业的市场地位领先于美国企业。当前，美国已经没有全球领先的电信设备制造商。美国在该领域的"脱钩政策"是利用中国对美国的技术依赖，打压中国华为、中兴等企业，不惜以破坏产业全球供应链稳定和阻碍全球电信技术升级为代价，为自身产业"复兴"创造时间和市场空间。

第三，在光伏、风能等可再生能源领域，美国也扮演着挑战者的角色。和电信设备领域不同，可再生能源发电领域技术差异不大，中国的主要优势在于拥有庞大的内外部市场，政府通过集中采购和规模化生产带来了成本优势。这样的优势帮助中国掌握了产业链的绝大部分。以光伏行业为例，中国企业在各个环节都绝对领先，中国光伏企业的技术和产能优势支撑了全球能源转型。根据中国光伏行业协会的数据，2022年，中国光伏企业在多晶硅料、硅片、电池片、组件这四个主要环节的产能在全球的占比都超过了80%，产量占比都超过了85%。其中硅片尤为突出，中国的产能、产量占比都超过了97%。相比之下，美国在可再生能源发电领域仍处于劣势。美国目前的思路分两种：一是联合盟友扩大政府支出，通过大型外援项目创造采购需求；二是在全球，尤其是通过美国控制原材料（以矿产资源为主），并寻找低成本制造中心以提高产能，出台补贴政策扶植企业成长。在可再生能源领域，美国的"脱钩政策"更像是以政策补贴换市场，是典型的产业扶植政策。

第四，新能源车领域的格局则较为复杂，中、欧群雄并起，中国稍胜一筹。全球新能源车产业仍在发展阶段，成熟度较低。虽然中国新能源车行业发展势头强劲，但竞争格局尚未定形。从内部看，比亚迪、吉利、上汽、广汽等传统车企巨头"出海"能力强劲，但以小鹏、理想、蔚来等造车新势力为代表的车企也大有追赶态势，因此竞争结构尚未定形。外资方面，以特斯拉为代表的车企实现了全车国产并占据中国新能源车出口的半壁江山。上汽大众、一汽丰田和东风本田等合资品牌也都各自推出了销量不俗的新能源汽车产品，大有机会实现赶超。当前的新能源汽车国际合作关系与中美竞争形成较大反差。由于车载芯片大多使用的是超过28纳米的芯片，涉及高端芯片的零部件不多，因此，美国在新能源汽车产业的"对华技术脱钩"进攻性较为有限，且要顾及欧盟的态度。例如，欧盟就非常反对美国《通胀削减法案》中对本土新能源产业的补贴规定。

第五，美国试图在生物制药技术上与中国的产业链进行切割，但无法实现。2022年10月，美国政府计划利用超过20亿美元的资金，来扶持本土生物医药产业的发展，以减少对国外供应链的依赖。美国担心过分依赖外国材料和生物生产，过去对包括生物技术在内的关键产业的离岸外包，威胁美国获得重要化学品和原料药（API）等材料的能力。然而，由于产业人才不足、建厂投资规模巨大等原因，这 20 亿美元远远不足以激励跨国企业把外包服务全部搬到本土，许多美国药企在该计划出台一年后仍未拿到政府补助。客观而言，美国并没有失去研发和创新药物监管的权威优势，但是制药的中间环节通过市场的自然选择越来越多地被中国企业包揽。根据美国商务部 2018 年的数据，中国制药企业占据了美国 97% 的抗生素市场和 90% 以上的维生素 C 市场。在美国进口药品中，95% 的布洛芬、91% 的氢化可的松（又称皮质醇）、70% 的对乙酰氨基酚、40%~45% 的肝素都来自中国。彭博社在 2022 年 9 月发表的文章中写道，虽然美国是世界上拥有最强大的生物技术产业的国家之一，但一些高技术含量的生产已转移到国外。根据 2021 年 6 月美国发布的"供应链百日评估"文件，截至当年 3 月，美国 52% 的制剂生产设施、73% 的原料药生产设施在美国本土之外，其中在中国的制剂生产设施占比 6%，原料药生产设施占比

13%。中国的监管相对较为宽松，中低端化学、生物人才供应充足，这些监管成本和人力成本优势都吸引着药商将新药的实验测试环节外包到中国。必须认识到，中国生物制药层面的"技术"含量不高。在没有持续利益驱使的情况下，美国难以说服企业将制药业的生产环节转移到本土，因此生物制药领域的"科技脱钩"也形同虚设。2022年10月，美国商务部还将几家中国主要制药企业移出了制裁名单，这说明美国对华技术脱钩政策并非"一刀切"，而是有所侧重。

除了和中国进行所谓的"竞争"，美国更是在极力推动中美"人才脱钩"。美国对华科技竞争在不同时期、不同领域或有所侧重，但始终不变的是加剧中美在科技人才方面的脱钩。自特朗普政府执政以来，美国政府就在加速推动科技竞争中的人才脱钩，拜登上台后保留了特朗普启动的大部分限制签证措施。

2020年，美国国务院引用《移民和国籍法》第212(a)(3)(C)条款，允许国务卿排除任何"其存在可能对美国造成严重不利外交政策后果"的非公民。因此，美国可以拒签包括华为员工在内的"某些中国科技公司的员工"，认为他们在全球范围内为"从事人权侵犯的政权提供实质支持"。美国推动"人才脱钩"的另一个强大工具是《移民和国籍法》第 212(f) 条款，该条款可用于禁止广泛类别的外国人。该条款允许总统排除"所有外国人或任何类别的外国人"，因其入境"对美国利益有害"。特朗普特别频繁地使用了这一权力。2020年 5 月，特朗普暂停了所有与"中华人民共和国境内实施或支持中华人民共和国'军民融合战略'的实体"有过往或现在关系的外国研究生和研究人员入境。拜登政府继续执行这项政策，已导致 1000 多份签证撤销，并拒绝了 700~1300 份签证申请。乔治敦大学安全与新兴技术中心估计，每年可能有 3000~5000 名 STEM（科学、技术、工程和数学）领域的中国学生和研究人员被拒签。其他政策工具可以用来限制外国人在美国访问、学习和工作的机会，但并非完全禁止他们入境。比如，特朗普政府提出了缩短 F-1（学生）签证有效期和提高雇主需要支付 H1-B（特殊职业）签证持有人的最低工资的新规定。在新冠病毒流行期间，特朗普还签署了一项暂时停止向美国境外申请人发放新的 H1-B 签证的行政命令。虽然这些举措没有专门针对中国执行，但中国学生和工人是受影响最大的群体之一，其后拜登政府暂停或撤销了这项政令。

总体而言，中国有几类人群受到的影响较大。就赴美留学而言，中国留学生在 STEM 领域就读受到了限制。在特朗普执政时期，美国就已经将中国"国防七子"①院校的学生纳入其"黑名单"，这些学校的学生往往无法取得赴美留学的签证。而这样的限制也源于美国对中国"军工复合体""军民融合发展"的警惕。除此之外，美国还推动盟友复制其对华签证限制，使理工科

---

① "国防七子"指在中国国防科技工业体系中具有重要地位的七所高校，包括哈尔滨工业大学、北京航空航天大学、北京理工大学、西北工业大学、南京航空航天大学、南京理工大学、哈尔滨工程大学。——编者注

等敏感专业的中国学生无法在欧美留学。

就在美华人华侨科学家群体而言，"猎巫行动"（witch-hunting）使部分与中国可能有合作的科学家身陷囹圄，同时使大部分华裔科学家或不敢与中国合作，或被迫离开美国。这些科学家很可能是受到了中国海外"长江学者"等科研激励计划的吸引而与中国合作的。例如，在美国司法部起诉部分华裔科学家后，就有在美科学家选择携实验室返回中国，到暨南大学等高校继续科研工作。

此外，美国还限制美籍技术人才在中国技术公司任职，如在半导体领域。2022年10月，美国政府出台规定限制美国人（US person）支持中国芯片开发或生产的能力，具体表现为限制美国人在缺乏许可的情况下在中国的某些半导体制造企业任职。对此，半导体业界人士回应称，"美国人"一词可能是"最具影响力的术语之一"。

04.

跨越或者陷入"中等技术陷阱"的
国际经验教训借鉴

虽然"中等技术陷阱"的核心是技术本身，但是跨越"中等技术陷阱"则是一个系统工程，涉及技术发明、基础科学研究、应用性技术、企业和市场的作用、政府角色等各个环节。这些环节必须配合协调、共同发展，否则很难实现跨越。这也就是为什么有些经济体成功了，而另一些经济体则失败了。虽然无论各经济体是成功还是失败，都有一些具体原因，但也可以找到一些具有普遍性的因素。促成成功的因素经常包括政府和市场在不同时期扮演不同的角色、开放的经济形态、生产要素自由流通等，而导致失败的因素经常包括政府和市场角色不到位或者角色错置、封闭的经济形态、生产要素不能流通等。

　　跨越中等收入陷阱而率先成为发达经济体的国家的发展经验就是如此。近代以来，英国是第一个实现工业化的国家，工业化先在欧洲和北美国家扩散，然后再扩散到世界各地。较之英国，法国、德国和意大利等都是后发国家，因此政府必须在实现工业化的过程中扮演较之英国政府更为重要的角色。这明显反映在这些国家的经济学话语上。英国经济学话语中政府因素最少，英国也被视为自由主义经济学的发源地。比较而言，其他国家政府的角色变得很重要。比如德国，就产生了"国民经济体系"的概念。同理，较之英国，美国也是后发国家，因此在建国初期，包括亚历山大·汉密尔顿在内的一些政治家践行重商主义经济政策，保护民族工业，等民族工业成长起来之后，再实行全面开放政策。

开放促使强大

这里需要特别强调一下开放对于科技进步的意义。各种经济学理论都已经充分证明了开放对于发展的意义，包括亚当·斯密的劳动分工理论、李嘉图的比较优势理论和亚历山大·格申克龙的后发优势理论等。这些经济学理论都说明了以下几个结论。第一，无论是劳动分工、比较优势还是后发优势，要获得这三大理论所指的生产要素，开放都无疑是核心中的核心。没有开放，所有这些要素都不能流动起来，其作用也发挥不出来。第二，在互相开放的条件下，各经济体可以发挥原本基于资源禀赋之上的比较优势。再者，在开放的条件下，比较优势也可以通过人为的制度和政策设计发展起来，即一个经济体聚焦几个领域提高专业程度和技术水平，而不是什么都生产。第三，发达经济体倾向于开放，后发经济体倾向于封闭，但后发经济体要发展起来，就必须向发达经济体开放，否则发达经济体所具有的先进生产要素很难进入后发经济体；而后发经济体如果不开放，也很难发展出后发优势。

开放促使强大，封闭导致落后，至少近代以来的世界历史就是如此。美国为什么强大？一些人会说因为美国有"民主"和"自由"，正如美国人自己一直宣称的，实则不然。美国变得强大一个更重要的原因是其高水平开放，并且是单边开放。即使是民主与自由，也是和开放有直接关联的，因为民主可以被界定为一个向社会开放的政治过程。真正促成美国经济、科技发展的是二战之后美国所形成的三大开放系统，即开放的教育系统、开放的企业系统和开放的金融系统，而且这三大系统都是在单边开放过程中实现的。

第一个是开放的教育系统。美国自近代以来一直讲究对等开放，"你向我开放以后我才向你开放"，但美国的教育从一开始就是单边开放的。美国本身就是一个移民国家，在二战期间吸引了大量欧洲的科学家，在美苏"冷战"期间又吸引了大量苏联和东欧的科学家去美国。中国实行改革开放以后，美国也从中国吸引了大量的人才。这些年来，虽然我们一直说"东升西降"，但是大家也要意识到为什么美国一方面危机丛生，面临着严峻的国内治理危机，另一方面科技和经济一直在发展。美国这个国家自成立以后一直危机不断，经历了南北战争、第一次世界大战、第二次世界大战、越南战争、"冷战"，然而每一次危机之后，美国的技术就会前进一大步。这是因为美国是世界人才的高地，世界上很多高端人才都跑去了美国。"冷战"期间，美国是用全世界的人才，包括从苏联和东欧出去的人才和苏联竞争，因此在当时的形势下，苏联注定竞争不过美国。今天我们也面临这样的情况，美国用全世界的人才，包括中国的人才和中国竞争，对此我们应当有充分的意识。改革开放以后，中国向美国输送了几百万的人才，虽然有一部分回到了中国，但是大部分还是留在了美国。观察美国的人口就会发现，在一些重要的经济区域，外国人口①占据的比重很大。纽约湾区和旧金山湾区有大约 40% 的人口是外国人，硅谷的外国人比例更是达到了夸张的 60% 以上，美国人是绝对的少数。开放的教育系统，使得全世界的高端人才都在帮助美国发展。

第二个是开放的企业系统。美国的企业体系是开放的，首先就是向全球企业家开放。正如前面所指出的，硅谷 2/3 的规模超过 10 亿美元的初创公司是一代、二代移民创建的。今天大多数技术可以说是"美国制造"，但绝非全都是"美国人制造"，而是世界人才制造。正如在教育领域，美国的产业领域也集聚着来自世界各地的企业家。其次是企业之间的互相开放。我们最近提出了一个概念，认为中国的企业生产都是"土豆"型的，企业之间没有有机的关联，它们之间的关系像土豆与土豆一样互不关联。相比之下，美国

---

① 这里的"外国人"指在当地工作的所有外国人，包括移民和持有工作准证的外国人。

企业之间则是互相开放的关系。美国企业是以何种方式进入中国和世界各地的？就是依靠开放的企业制度，主要表现为把产业链和供应链延伸到世界各地。最后，正如开放的教育系统促成大量的世界科技人才流向美国，开放的企业制度也促成了大量的世界企业家流向美国。

第三个是开放的金融系统。无论是大学和科研机构的基础科研还是企业的应用技术，都需要金融支持。而在金融系统中，最重要的就是美国发明的风投体系。现在很多人还是把风投理解为金融投机，但其实，无论从哪个角度看，至少从二战以来，风投是最伟大的金融发明。从基础科研向应用技术的转化需要巨量的金融投入，风险巨大，但一旦成功回报就会很大。政府不可能拿着纳税人的钱去做这么高风险的投资，传统的银行也不可能拿着存款人的存款去做这么高风险的投资，所以美国发明了风投，集中民间闲散资本去做高风险、高回报的投资，同时把风险分散给社会。而到现在，我们中还有很多人没有把金融和实体经济的关系搞清楚。近代以来，这个世界上其实只有两个经济强国，即 19 世纪的英国和 20 世纪以来的美国，因为这两个国家都有强大的开放金融系统。日本、德国、法国这些没有金融系统只有实体经济的国家只能算二流的经济强国。没有强大的金融系统，就不会产生一流的经济强国。用现在网络的语言来说就是，光有实体经济而没有金融经济，这个经济体就是被"割韭菜"的经济体。例如，生产一个杯子是实体经济，但是这个杯子的价格不是由实体经济本身决定的，而是由掌控金融的经济体决定的，也就是说是由美国决定的。

日本和亚洲"四小龙"的经验也说明了这一过程。在东亚，日本是第一个实现工业化的经济体。就技术而言，日本主要学习的是发达国家中的德国和美国。日本之后发展起来的是亚洲"四小龙"。日本经济学家曾经提出了一个"雁行模式"的概念，意思是，日本是"领头雁"，亚洲"四小龙"跟随。也就是说，亚

中等技术陷阱

洲"四小龙"早期发展依靠的是从日本扩散而来的技术。虽然"雁行模式"有夸大日本角色的成分，但对技术扩散在一个经济体早期发展中的作用的描述则是正确的。实际上，亚洲"四小龙"中的韩国和新加坡就是以日本为目标加以赶超的。不过，对于中国的崛起，"雁行模式"就很难适用了，因为很显然，中国的崛起并非源于对日本技术或者亚洲"四小龙"技术的应用。在技术领域，日本一直担忧作为邻居的中国的崛起，因此对向中国出口技术一直持非常保守的态度。中国是向全世界开放的，应用的是全世界的技术。这也解释了为什么今天的中国拥有最完整的产业链。虽然中国还处于中等技术水平，但与过去相比，中国技术水平的提升是整体性的。

较之西方发达经济体，日本和亚洲"四小龙"是后发经济体，也是二战以来少数跨越中等收入陷阱而达到发达水平的经济体。因此，这些经济体是如何善用引进的技术，然后进行追赶超越，站到技术前沿的，一直是学术和政策研究中最激动人心的话题之一。这些经济体实现大量技术创新的工业化经验表明，要达到这个目标，需要外部和内部等方面的相互作用。在这方面，这些经济体拥有一些共同的要素。

首先是这些经济体面临的外部环境。国际环境宽松自由，人才、商品与资金的跨境流动顺畅，这些都是技术扩散和创新的重要载体。日本和亚洲"四小龙"经济进步的一个重要前提条件是这些经济体都高度开放，这就要求它们采用先进的技术和质量标准，面向世界市场，以及与国际分工体系一体化。根据国际经验，这些经济体都是出口导向型的，这使得它们可以深度嵌入西方经济体，具备在西方经济体内部实现技术进步的经济形态条件。这和我们下面要讨论的拉美进口替代型经济体形成了鲜明的对比。

其次也是更为重要的，是这些经济体的内部要素。正是内部要素的出现，使得这些经济体抓住外在的机遇而成功跨越"中等技术陷阱"。日本和亚洲"四小龙"的技术升级是由产业政策和市场力量共同推动完成的。在不同技术阶段，政府会重新定位，这两股力量是动态调整的。在技术早期后发追赶阶段，政府倾向于以直接干预市场的方式促进特定产业发展的政策，政策共识是实施大政府主导的"追赶、超越"的产业政策；随着技术升级，政府的产业政策逐步转向市场友好、竞争中立型，通过构建良好的制度环境来支持技术创新（尤其是支持竞争前沿技术创新）；与此同时，政府越来越重视利用市场机制发挥竞争与竞争政策的作用。在跨越"中等技术陷阱"的过程中，日本和亚洲"四小龙"的产业政策发生了重大调整，摒弃直接干预、限制竞争的传统产业政策，重视市场在资源配置中的决定性作用。

再次，以研究导向的大学系统和研究机构为基础，辅之以开放的海外人才引进体系，是日本和亚洲"四小龙"技术创新的源泉。这些亚洲经济体的产业升级是从纺织业起步到简单的机械装配，再到电子产品等高技术工业品，这一过程离不开高质量的教育体系与开放的人力资本。

最后，设立把基础科研成果转化为应用技术的企业或者机构，是日本和亚洲"四小龙"能够在技术进步台阶上攀升的关键要素。这些经济体的经验表明，通过"产官学"合作强化关键共性技术攻关往往是至关重要的，但在此基础上推动技术创新成果的商业化和推广应用也同样重要。

此外，日本和亚洲"四小龙"为支撑科技创新和成果转化，发展具有本土特色的金融体系，也是它们的主要经验之一。日本和亚洲"四小龙"并未完全复制美国的直接融资模式，其中：日本的融资模式从银行主导型间接融资转变为市场型间接融资；韩国也打造了能够包容银行的金融体系；而新加坡和中国台湾在一系列政府政策的成功引导下，从制度性深化的金融市场中诞生了更充裕的风险投资资金。因此，这些亚洲经济体如何在传统银行体系的主导地位基础上发展出符合本地情况的多层次融资体系，是值得关注的领域之一。

如果说日本和亚洲"四小龙"通过不断的基于技术进步之上的产业升级成功地把自己提升为发达经济体，那么东南亚其他四个国家就没有那么幸运了，它们分别是马来西亚、泰国、印度尼西亚和菲律宾。这四国是被世界银行及许多学者界定为陷入中等收入陷阱的经济体。在这四国中，马来西亚是最早（1973年）步入中等收入水平的国家，泰国、印度尼西亚、菲律宾紧随其后，在20世纪70年代末和80年代初都进入了中等收入经济体行列。不过，在成为中等收入经济体后，这四国都没能维持稳定高速的经济增长，至今未能跨入高收入经济体行列。一些研究认为，中等收入陷阱的出现是投入驱动型增长受到限制的结果，可以通过劳动力成本上涨、劳动生产率停滞和低研发支出水平来衡量。一些研究将导致中等收入陷阱的原因定义为产业结构由以低附加值部门为主向以高附加值部门为主转型升级的停滞，强调了贸易和外商直接投资是经济发展和技术创新的重要来源，以及本土产业如果缺乏对外来技术溢出的汲取和转化将导致落入中等收入陷阱。

不管这些研究得出的结论如何，都指向了一个事实，那就是缺失基于技术进步之上的产业升级是这些经济体陷入中等收入陷阱的最核心原因。在20世纪七八十年代，这四国通过本国自然资源、廉价劳动力等优势，获得了来自发达国家和周边工业化国家的技术扩散和产业转移，纷纷实现了经济起飞，由低收入国家迈入中等收入国家行列。然而，在推动本国科技创新与产业升级的进程中，这四国长期过度依赖外资和外国技术，忽视了对本国自主研发能力的提升，对科技创新战略重视不足，全社会研发投入严重不足，科研人才、风投创投等科创资源要素严重缺乏，促进科技创新的制度保障严重缺失。所有这些导致这四国的技术水平和产业发展水平难以实现跃升，从而落入"中等技术陷阱"。直至今日，这些国家在国际市场中既面临来自其他低收入国家的竞争，也没有足够的科创能力推动本国产业转型升级，进而参与到高附加值产业和知识密集型产业的国际竞争中，国家整体工业化进程放缓，国民财富积累也由此变得缓慢，无法迈进高收入国家行列，仍被困于中等收入陷阱。

封闭导致落后

在封闭导致科技落后方面，典型的案例是苏联。俄罗斯人是一个了不起的民族，近代以来一直想加入西方，成为西方的一员。但是，苏联两次和世界脱钩。第一次是 1917 年十月革命之后。根据列宁的革命学说，后发国家的革命要想获得成功，首先要从帝国主义的"链条"中脱离出来。因此，十月革命之后苏联选择了和西方脱钩。苏联在脱钩之后的革命是成功的，但建设遇到了很大的问题。二战期间，美国和苏联同属反法西斯阵营，关系友好，当时苏联从西方尤其是美国获得了很多技术。但是，1945年以后，东西方阵营形成，苏联选择了不开放，同时以美国为首的西方集团也开始大力围堵苏联。

不开放导致了很多致命的后果。从技术进步的角度来说，主要有两个结果。一是苏联失去了科技思想市场，科技思想逐渐枯竭。在"冷战"期间，苏联有很多好的思想，提出来的时间甚至比美国还早，比如芯片中使用的二极管就是苏联先提出来的，但是后来苏联在研发上走了错误的路线。一些好的战略思想也是苏联将军先提出来的，反而美国是反应性的。苏联的不开放使其没有了思想市场，没有了思想争论，因此经常犯方向性错误，也就是我们近年来所说的"颠覆性错误"。二是苏联失去了商品市场。科研投入需要花费巨量的人力、物力，只有从市场中获得回报才能实现可持续的科研发展，但是苏联的不开放使其只有华约几个国家的市场。另外，苏联非常重视军事，实行计划经济，而计划经济不可能有开放，因此它也最多向越南、印度等几个第三世界国家卖一点军火。总之，苏联的不开放，使其迅速衰落。

在这方面，拉美的经验也非常值得参考。与前面提到的几个亚洲经济体相比，拉美的一些经济体达到中等收入水平的时间并不算晚：阿根廷在 20 世纪 60 年代即迈进中等收入国家行列，巴西、智利等国也纷纷在 70 年代上半期达到中等收入水平。但是，进入 80 年代以后，拉美与东亚经济体，尤其是日本和韩国的发展形成巨大的分野，日、韩走上了技术创新与产业升级的经济道路，并分别于 1985 年、1995 年跨越中等收入陷阱步入高收入国家行列，而拉美经济体则陷入持续的危机，政治、社会动荡，落入中等收入陷阱且看不到走出陷阱的希望。

拉美经济体陷入中等收入陷阱的原因是多方面的，但缺乏基于技术进步之上的产业升级无疑是一个核心因素。作为后发经济体，拉美经济体的科技发展面临几乎难以克服的困难。教育与研发投入、科创体制机制建设、科技创新的国际与区域合作等均呈全面落后的状态。在这种发展格局下，要实现技术升级本身就非常困难。虽然自20世纪80年代推行新自由主义经济结构改革以后，拉美经济体也秉持了全面开放的发展态度，但还是难以维持较高的研发与教育投入。与此同时，受拉美宏观经济不稳定等因素影响，国际投资对进入拉美持审慎态度，这也是影响拉美产业与技术升级的关键。

具体地说，表现在如下几个方面。第一，拉美经济体的研发投入水平低。从研发投入占GDP的比重这一衡量创新投入的核心指标来看，拉美地区经济体的这一比例在过去的20年中一直未能超过1%，维持在较低的发展水平且未见增长态势。拉美地区研发投入占GDP的比重在2015年达到了最高的0.77%，而同一时期OECD国家的研发投入比重已超过2%，2015年日本研发投入占GDP的比重是3.24%，韩国是3.98%。研发投入不足是拉美地区经济体科技水平发展低下的基础性原因。第二，拉美经济体的教育发展水平低，教育发展适应经济发展的能力弱。教育带来的优质人力资源是产业发展的基础，特别是在工业 4.0 时代，如果不通过加速教育来提升人力资源的品质，那在全球产业转移中也会处于劣势。第三，拉美经济体吸引外资的能力有限。在经济全球化背景下，外商投资意味着技术转移，它是后发经济体学习先进技术、进行技术积累的最直接方式，因而也是衡量一个经济体技术与产业水平的关键指标。20 世纪 80 年代至 90 年代，落入中等收入陷阱的拉美经济体基本上是在应急式处理债务危机、经济危机。进入 21 世纪以后，虽然拉美整体的发展趋于平稳，但是一些经济体还是时不时爆发经济危机，通货膨胀居高不下；债务危机时有发生，阿根廷在 2001 年、2014 年两度宣布国家无力偿还到期债务；与此同时，由于失业率、贫困问题等原因，拉美也频繁爆发社会运动。这些因素对外商投资来说，都是不友好的因素，他们更愿到经济社会稳定的区域进行投资。第四，拉美经济体在进行技术升级方面面临巨大的困难。对拉美第一大国巴西来说，一直以来它在产业与科技发展上的主体性较强，特别是自身具备一些产业发展经验，以飞机制造产业最为典型。巴西实际上已经积累了自己的产业与科技发展的方法论和治理能力，而且在整个拉美实施新自由主义经济结构改革时期，巴西是拉美唯一保留了自己产业链的国家，这为巴西保存了良好的产业与技术升级的基础，而且巴西也确实是拉美的产业与技术强国。但是，巴西的产业与技术在全球层面竞争力不足，非常重要的一个原因是巴西作为一个人口大国，其社会负担沉重，考虑到发展的社会风险，政府不得不在短期效益与长期效益之间选择前者，因而继续偏重发展旅游等服务产业，难以对工业产业与科学技术进行较高强度的投入。阿根廷是一个被"荷兰病"拖垮的国度，由于拥有优质的农业资源与盛极一时的农产品贸易，阿根廷的工业发展滞后，这也导致其国民经济极其脆弱，所以阿根廷的技术升级在拉美大国中是最困难的。墨西哥最大的优势是背靠北美，所以它有更多的机会接收来自美国的技术转移，但是墨西哥的工业与技术发展表现出依附性较强、自主性欠佳的态势。形成这种态势的重要原因是在推进新自由主义经济结构改革之时，墨西哥的民族工业遭受沉重打击，自主产业链被摧毁。墨西哥还需要一定的时间来修补其自主产业基础，否则技术升级几乎无从谈起。

更需要强调的是拉美经济体早期所选择的"进口替代"战略所导致的长期负面效应。在工业化的早期，拉美国家意识到了工业设备生产的重要性，如果自己不能够生产工业设备，那每年都需要有大量的资金用于进口这类设备，与此同时，本国也无法拥有耐用品生产的自主性。所以，拉美国家在轻工业有了较大的发展之后，均选择走一条重工业、国有化的发展之路，其必要性就在于通过发展重工业使工业基础能力获得提升，并通过国有化发展掌握自主的科技与产业能力，这样才有可能逐步实现自主生产，进而真正实现工业的自主发展。简单地说，拉美工业化起步时为了减少对美、英等国工业制成品的依赖，形成了"进口替代"的工业化目标。在这一发展目标下，拉美国家通过限制进口、关税壁垒等政策措施来扶持本国企业的发展。这些措施在自主工业的起步阶段很有必要，而且实际上也发挥了巨大的作用，拉美很快实现了非耐用品的替代，也为重工业打下了较好的发展基础。但是，高筑的保护壁垒也限制了自主工业的发展。由于竞争的不充分性，拉美国家国内的工业企业没有充分提升效益的动力，民营企业家只需要购买国外的先进设备就可以获得充分的竞争力，在这种制度设计下，企业家的创新意识是很难萌发的。事实上，拉美国家在"进口替代"工业化的后期大都意识到了"进口替代"目标设计的"偏差"：不仅不利于企业竞争力提升，而且过小的市场很难支撑一些工业产业发展。所以，虽然巴西从20世纪60年代开始就逐步推进工业出口，墨西哥在70年代也有了一些对外开放的倡议，但是被保护得太久的拉美国家国内工业并没有在国际市场上取得发展。总的来说，"进口替代"的工业化目标是拉美工业制度的重大缺陷，使其工业发展没有充足的跃升动机，进而也使得技术创新的观念在社会上难以萌芽生长。

05.

如何跨越"中等技术陷阱"

对我们来说，要回答的问题是：美国和一些西方国家行政当局以及对华不友好甚至敌视的力量采取的种种做法，是否会把中国固化在当前的中等技术水平呢？我们又如何破解美国和西方一些国家对我们的技术围堵呢？我们如何实现从应用性技术到原创性技术的转型呢？我们如何在现有技术领域实现升级，从目前4~7级的水平，提升到8级或以上呢？这些是我们今后相当长时间里所面临的挑战，也是我国的科学家和政策研究者都需要思考和解决的问题。

无论怎么说，从当前的国际形势来看，跨越"中等技术陷阱"既是我们必须面临的挑战和必须克服的困难，也是我们实现高质量发展、把自身提升为发达经济体的关键。技术领域是一个可以精准描述和检验的领域，来不得半点虚假，必须实事求是地看待问题，实事求是地解决问题。

开放与跨越"中等技术陷阱"

如何才能跨越"中等技术陷阱"呢？在宏观层面，开放政策是关键。前面已经讨论的国际经验都表明，开放和进步、封闭和落后之间的紧密关联。这里，我们需要把开放置于我们自己的历史和现实经验里加以讨论。

在政策面，首先需要对近年来所强调的"新型举国体制"做科学的理解，继续实行开放政策，并且越来越开放。举国体制很重要。在很大程度上，近代以来，所有强大的国家都实行了举国体制。在西方，虽然近代以来的经济发展由资本主导，但一战、二战期间的战争动员也促使西方国家演变成为举国体制。美国更是如此。

二战之后，随着《布什报告》^①的出台，美国政府用"国家安全"的概念找到了干预技术进步的领域和方法，即对技术和卫生领域进行大量的资金投入和有组织的研发与转化。无论是技术还是卫生，都和军事战场上的胜负有关，技术是用来针对敌人的，卫生是用来保障士兵生命的。今天，美国对中国的围堵更是举国体制。在特朗普时期，美国政府公开叫出了要用"全政府"和"全社会"的方法来对付中国。拜登政府以来，虽然美国没有再用这样的概念，但对中国的打压不仅没有变化，更是有过之而无不及，在"全政府"和"全社会"的基础上加了"全世界"，即通过全球范围内的结盟打压中国；同时，拜登政府具有"新凯恩斯主义"特色的经济政策也在促成美国式国家资本主义的兴起，不仅改变了自20世纪80年代里根革命以来的美式自由主义发展路径，也对世界经济产生着深刻影响。

---

① 《科学：无尽的前沿》简称《布什报告》，是美国科学政策的开山之作，作者是范内瓦·布什，他也被称为"信息时代的教父"。——编者注

面对今天美国对我们的"卡脖子"和系统脱钩，我们无疑必须进行举国体制式的回应。但是，我们强调的是"新型举国体制"，它绝对不是关起门来自己创新，而是把大门敞开，在更开放的情况下进行举国体制式的创新。

这就涉及我们对世界科技发展内在逻辑的理解。我们可以把近代以来的世界科技看成一座山，这样就比较容易理解我们今天的处境。今天，世界思想市场上一些人在谈论"一个世界、两个中心"的概念，即一个以美国为中心，一个以中国为中心；也有人说"一个世界、两个市场"，即一个以美国为中心的市场，一个以中国为中心的市场。在科技领域也有人在思考，中国是不是可以构建一个独立于西方科技之外的科技体系？

无论在理论层面还是在经验层面，这样的思维方法不仅是不符合历史经验的幻想，更是非常危险的。世界科技只能有一座山，离开了这座山，任何一个国家都很难构建另一座山。世界科技的这座山是世界所有文明、所有国家共同造就的，中国古代的"四大发明"、阿拉伯世界的科技和西方古希腊以来的科技，都是对这座山的贡献。只不过因为现代化首先发生在西方，所以近代以来，一直是西方国家霸占着这座山。二战前，欧洲国家霸占着这座山；二战以后，转变为美国霸占着这座山。改革开放以后，我们主动结束了以前的相对孤立状态，而当时的国际环境也促使美国等西方国家接受我们成为世界经济体的一部分，因此，我们加入了WTO。也就是说，我们进入了世界科技这座山，并通过几十年的虚心学习和努力发展，持续在这座山上攀登，对处于山顶上的美国和一些西方国家构成了竞争。这就是美国等一些西方国家提出"中国威胁论"的原因。

今天，美国对我们"卡脖子"的做法就表明美国不再允许中国继续在这座山上攀登了，而"系统脱钩"更严重，表明美国有意把中国赶下这座山。中国不能上美国人的当，意气用事，自己主动封闭起来或者主动离开这座山，而是应当告诉美国，虽然美国现在霸占着这座山，但这座山既有美国的科技贡献，也有中国的科技贡献，它既是美国的，也是中国的。中国未来的选择不是离开这座山，而是要继续待在这座山上，为这座山做出更多的贡献。总有一天，不仅我们离不开这座山，这座山更离不开我们。

因此，我们今天提倡新型举国体制，就需要在开放的状态下搞科技创新，继续为世界科技这座山贡献中国的力量。认识到这一点非常重要。前面已经讨论过苏联"关起门来自己创新"的历史教训，中国唐宋以后的"闭关锁国"政策也表明了这一点：不管一个国家以前的科技多么先进和发达，只要选择了封闭，就一定会变得落后。

根据英国科技史学家李约瑟等人的研究，中国至宋代科技就处于当时世界的领先地位。英国近代思想家培根在《新工具》里指出："印刷术、火药、指南针这三种发明已经在世界范围内把事物的全部面貌和情况都改变了：第一种是在学术方面，第二种是在战事方面，第三种是在航行方面；并由此又引起难以数计的变化来；竟至任何帝国、任何教派、任何星辰对人类事务的力量和影响都仿佛无过于这些机械性的发现了。"①后来马克思承袭了培根的说法，在《经济学手稿（1861—1863年）》中写道，火药、指南针、印刷术"是预告资产阶级社会到来的三大发明"，"火药把骑士阶层炸得粉碎，指南针打开了世界市场并建立了殖民地，而印刷术则变成新教的工具，总的来说变成科学复兴的手段，变成对精神发展创造必要前提的最强大的杠杆"②。虽然培根和马克思并没有明确说出这三个发明来自哪个国家，但后来的史学家们不仅认同这些发明都来自中国，而且还加上了第四个发明，即"造纸术"，成为今天人们所说的中国"四大发明"。

中国的"四大发明"改变了西方世界，而中国自身

---

① 弗朗西斯·培根.新工具.许宝骙，译.北京：商务印书馆，1984。

② 马克思，经济学手稿（1861—1863 年），中共中央马克思恩格斯列宁斯大林著作编译局编译《马克思恩格斯全集》（第 47 卷），人民出版社，1979年。——编者注

却在明朝开始实行闭关锁国政策，最终导致了技术落后。例如，火药从中国进入西方之后，演变成为"火药学"，但在中国本土火药一直停留在应用阶段。指南针也是如此，在西方被广泛应用于航海，但在中国本土则是用来看风水的。明朝郑和下西洋所组成的船队用今天一些美国学者的话来说，就是当时世界上最强大的"航母舰队"，而且郑和舰队的活动是早于葡萄牙和西班牙为开辟新的通往东方的航线而发起的航海探索。并且，当时被称为"倭寇"的海盗的很大一部分是中国东南沿海（主要是福建和浙江）的民间海上力量，这一力量也同样强大。但因为闭关锁国政策，我们的航海技术付之一炬，中国先是失去了一个航海时代，继而又失去了一个由此引发的工业化时代。直到近代两次鸦片战争，中国的大门被自己发明的火药炸开，国家才被迫开放。因此，在20世纪80年代，我们在对历史经验教训进行总结的基础上得出了"封闭就要落后，落后就要挨打"的结论。习近平在中央党校2011年秋季学期开学典礼上的讲话中总结了中国的历史经验，再次强调指出："明朝末年，中国开始落后于西方国家的发展，近代更是陷入了列强欺凌、被动挨打的境地。其中一个重要原因，就是封建社会统治者闭关自守、夜郎自大，看不到文艺复兴以来特别是工业革命以后世界发生的巨大变化，拒绝学习国外先进的科学技术和其他先进的东西。封闭必然落后，落后就要挨打，教训是深刻的。"[①]20 世纪 80 年代以降，我们实行主动开放，并且越来越开放，造就了今天人们所看到的中国奇迹。

因此，我们必须接受深刻的历史教训，不能幻想自己可以离开现在世界的科技系统，去造另一座山。面对美国和一些西方国家的"逆全球化"政策，我们需要更大的开放政策，甚至是单边开放政策。也就是说，即使美国和一些西方国家对我们实行技术封闭政策，我们也

---

① 习近平在中央党校重要讲话集锦《领导干部要读点历史——在中央党校 2011 年秋季学期开学典礼上的讲话》，参见：https://www.ccps.gov.cn/xxsxk/xldxgz/201812/t20181231_127692.shtml。——编者注

需要继续向它们开放。美国和一些西方国家恐惧中国的科技崛起，对中国实行全面打压政策，但从长远看，它们不会成功，因为它们践行的是政治逻辑，而非资本逻辑、技术逻辑和市场逻辑。就西方本身的发展经验而言，促进西方发展的也并非政治逻辑，而是资本、技术和市场。近代以来，发生在西方的几波全球化就是资本、技术等生产要素冲破政治设立的边界而形成的国际市场。面对美国和一些西方国家的政治打压，我们必须用资本、技术和市场逻辑来回应。

实际上，就塑造科技发展的开放环境而言，今天的中国需要第三次开放。从近代以来，我们已经经历了两次开放。第一次开放是两次鸦片战争失败之后的被迫开放，在国家被迫开放和被西方强权欺凌的情况下，中国开启了自强的进程，直到1949年中华人民共和国成立，"中国人民站立起来了"。第二次开放是邓小平领导下的主动开放，加入国际社会，与国际接轨。我们今天看到的中国的发展就是第二次主动开放的结果。如果没有第二次主动开放，很难想象我们能见到今天所见到的一切。经过第二次开放，我们实现了"富起来"的目标。从很大程度上可以说，中国开放后所发生的变化说明了前文提到的后发经济体"比较优势"理论的正确性。

今天，我们面临的是百年未有之大变局，我们需要进行第三次开放。鸦片战争的时候，西方强迫我们开放，后来我们主动开放，美国等西方国家也接受我们开放。但是现在，开放的条件很不一样了。如今美国等一些西方国家想要封杀中国，"卡脖子"，搞脱钩。在这样的情况下，我们该怎么应对？我们认为第一，中国需要高水平开放。我们所说的"第三次开放"就是高水平开放，是以规则、规制、标准和管理为核心的制度型开放。第二，更为重要的是，我们需要精准的单边开放。正如前面所讨论过的，美国在其所需要的领域也始终是实行单边开放的，尤其是在人才、企业和金融领域。如果在这些领域，美国没有单边开放，那么难以解释美国为什么能在所有这些领域成为世界的高地，或者我们所说的

"地域嵌入型世界级经济平台"。世界上的优质资本、优质技术和高端人才都拼命往美国跑，主要集中在美国的几个湾区，包括波士顿湾区、纽约湾区和旧金山湾区。很多人都会认为，这是因为美国变成了发达国家，条件优越，这些要素才会往美国跑。但问题是美国是如何发展起来的呢？原因很复杂，但开放是核心，没有开放，就很难吸引所需要的生产要素。

其实，中国改革开放以来能够取得那么大的成就，也是我们根据自己的需要实行单边开放的结果。概括地说，自1978年施行改革开放政策以来，我们的开放政策走过了几个主要阶段。第一阶段是20世纪80年代，当时被称为"请进来"。在那个阶段，我们很穷，要发展，不仅需要改革开放政策，更需要外来的资本。"请进来"就是典型的单边开放。第二阶段是20世纪90年代到加入世界贸易组织，被称为"接轨"。为了加入世界贸易体系，我们主动接轨，从中央到地方，我们修改了上万条法律、法规和政策。"接轨"也是单边开放。自 21 世纪以来，我们进入了第三阶段，即"走出去"。亚洲基础设施投资银行和"一带一路"便是"走出去"的产物。我们把"一带一路"界定为中国为世界提供的"国际公共品"，这也包含着"单边开放"的含义。在上海举办的中国国际进口博览会更是单边开放的典型。

今天，在美国等一些西方国家封杀我们的时候，我们仍应该根据自身的需要坚持向它们实行精准开放，向它们的要素开放市场，包括资本、技术和人才。美国今天封杀中国、与中国脱钩是其国内"冷战派"和行政当局的逻辑。这样做不符合资本逻辑，因为资本是要走出去的；不符合科技逻辑，因为科学技术需要向外延伸；更不符合市场逻辑，因为中国是当今世界上最大的单一市场。如果中国践行单边开放，那么美国和一些西方国家的行政当局就很难封杀其作为市场主体的资本和企业。

精准单边开放就是根据国家实际发展需要的单边开放，至少可以从以下几个方面进行。

第一，可以通过单边开放来推进落实因为政治问题而暂时无法生效的"中欧全面投资协定"。在现在的地缘政治条件下，如果对等开放，这个协定很难在短时期内实行。中国至少可以在一些自己所需要的领域先根据协定做起来。中国的单边开放可以利用资本逻辑、科技逻辑和市场逻辑来克服西方反华力量的政治和行政逻辑。

第二，对标CPTPP（《全面与进步跨太平洋伙伴关系协定》）、DEPA（《数字经济伙伴关系协定》）等高标准规则，推动加入这些组织的进程。即使因为各种原因暂时加入不了，中国也可以以单边方式先实施起来，犹如20世纪90年代加入世界贸易组织之前的"接轨"政策。

第三，建设中国-东盟共同市场。中国-东盟自贸区3.0版谈判正在稳步推进。的确，3.0版比2.0版内容更广，但是没有本质上的区别，只是一个数量上的不同。我们认为，可以通过把RCEP（《区域全面经济伙伴关系协定》）、中国东盟"10+1"机制、澜沧江-湄公河合作等统筹起来，对标 CPTPP、DEPA 的规则、规制、标准，打造中国-东盟共同市场。

第四，容许并鼓励中国企业把供应链、产业链延伸出去。中国企业的产业链、供应链一定要延伸到其他国家，尤其是东南亚国家。我们必须意识到，在发达经济体，企业卖整产品的时代已经过去，不合时宜了。20世纪 80 年代前，各个经济体都是卖整产品的，而在此以后，经历了一波长达 40 年的超级全球化进程，如今很少有发达经济体的企业还在生产整产品，它们选择了向外延伸产业链、供应链。产业链和供应链的国际延伸产生的是一种共赢经济。在地国家有了就业、税收，就会欢迎中国的企业走出去，同时中国的企业也可以利用当地具有比较优势的生产要素，例如劳动力和资源。现在我们在很多领域，因为国内市场已经饱和，而产业链、供应链不能延伸出去，所以进入了内卷状态。如果内卷继续下去，整体经济就会恶化。现在一些决策部门没有意识到或者还不够清楚，为确保产业链、供应链安全而把所有的产业链、供应链放在国内所产生的负面影响。根据经验，一个企业生产全产业链是最没有效率的，也保证不了安全。

第五，尽量避免"替代"方法扩大化，全面替代战略更不可取。今天美国和一些西方国家在部分技术领域封杀中国，在这些被封杀的领域，中国不得不实施"替代"方法。国内的企业也很有动力来实施"替代"战略，因为"替代"意味着这部分市场从外资转移到内资（无论是国资还是民资）。但是，必须明确的是，"替代"是防御性的，不能扩大化。如果因为西方的封杀而实行全面替代，那么就会导致开放程度的减低甚至最终走向封闭。前面讨论过的拉美经济体替代战略的教训和东亚经济体出口导向战略的经验是需要我们认真总结的。改革开放以来，中国走的是出口导向战略，而非替代战略，未来除了被封杀的领域需要实行替代战略，就整个经济体而言，还是要坚持出口导向战略的。

跨越"中等技术陷阱"的三大条件

那么，具体到科技进步层面，一个国家该如何跨越"中等技术陷阱"？自工业化发生以来，世界经济的发展就是一个持续创新的过程，这也被称为"创新经济"。虽然创新涵盖制度和技术等很多方面，但核心是技术创新。一种新技术的诞生不仅催生新的产业，而且促成其他方方面面的制度创新。新技术的产生对现存社会而言，往往是毁灭性的。新技术所带来的新经济利益打击旧的经济既得利益，改变现有的社会结构，迫使现存制度体系进行改革。因此，经济学家熊彼特把这个过程称为"创造性破坏"。

创新的"三位一体"模式

从前面的讨论中，具体地说，我们可以概括出一个国家要突破"中等技术陷阱"所必须具备的三个条件。具备了这三个条件，就更有可能出现熊彼特所说的"创造性破坏"。必须强调的是，这三个条件既是对世界经济历史的经验总结，也是可以得到经验验证的。这三个条件是：

第一，必须具有一大批有能力进行基础科学研究的大学与科研机构。

第二，必须具有一大批有能力把基础科研转化成应用技术的企业或机构。

第三，必须具有一个开放的金融支持系统，因为无论是基础科研还是应用技术转化都需要大量的金融支持。

这三个条件必须互相配合，缺一不可。缺失任何一个条件，不仅会使技术创新很难进入一个良性循环，实现持续的进步，更会使得技术创新在某个节点戛然而止。正是因为这三者之间的紧密关联，在西方，人们把技术创新过程称为"国家、市场和金融"三者之间的一场持续"游戏"。也就是说，国家负责基础研究，市场负责应用技术，而金融负责基础研究到应用技术的转化。从经验层面看，工业化以来的 250 多年间的科技进步历史的确如此。我们也可以把这三个条件称为科技创新的"三位一体"模式（图 5-1）。

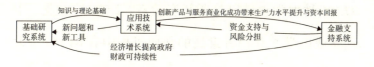

图 5-1　科技创新的"三位一体"模式

　　从已经跨越中等收入陷阱的发达经济体的经验来看，基础科研一般由大学和研究机构进行。历届诺贝尔自然科学奖（物理、化学、生理学或者医学）获得者的科研活动大体上属于基础科研。科学家或者科学家集团的基础科研不是资本驱动的，其研究活动也不是资本密集型的，而是科学家对科技知识的好奇心所驱动的；同时，科学家更需要一个自由宽松的研究环境。因此，各国政府为那些大学教授和研究机构的学者提供了一个体面的工资和居住环境，或者一个中产的生活环境，同时保证他们有充分的学术自由，尤其是进行国际交流的自由。据统计，1946 年到 2022 年间，诺贝尔物理学奖获得者隶属的任职机构中有91%是大学、科研院所和实验室，9%是企业；化学奖获得者隶属的任职机构中有97.5%是大学、科研院所和实验室，2.5%是企业；生理学或医学奖获得者隶属的任职机构中有89.8%是大学、科研院所和实验室，2.5%是企业和基金组织，5%是医院。在西方，这类教授和学者也往往自称或者被称为"无政府主义者"。这里的"无政府主义者"并不是反政府，而是不需要政府过多的干预，因为科学家认为，科技有其自身的逻辑，政府不应当干预。二战以来，随着国家间竞争的加剧，各国政府在科研方面扮演着越来越重要的角色，例如设立基础科研基金，建设基础科研所需要的实验室。这方面，美国表现得尤其突出。但应当强调的是，这并不是说政府的干预加强了，而是说政府主动为科学研究活动提供更加优越的条件。

应用技术和基础科研不同。历史上，很多技术并非来自基础科研。早先的很多技术来自工匠的发现。中国古代的"四大发明"就是技术发现，而非基于基础研究之上的技术转化。但二战以后，越来越多的应用技术来自对基础科研的转化。应用技术的转化大多是资本或者商业驱动的，也是资本密集型的。正是因为需要大量的资本，而且充满风险，所以应用技术往往由企业来承担，或者由国家支持的企业来承担，例如苏联和中国的国有企业，或者日本和韩国的企业财团。发达国家的许多工业实验室的直接目标就是应用技术的转化。

金融支持更为重要，而且越来越重要。无论是基础科研还是应用技术都需要大量的金融支持，没有金融支持，这两者都是难以为继的。美国等西方国家，基础科研一般由政府和民间支持。欧洲的诸多大学都是政府支持的，但支持美国大学的既有来自民间的力量，也有来自政府的力量，在很多情况下来自民间的力量更为重要。美国大量的私立学校和科研机构由民间资本支持。因为民间资本的"逐利"性质，美国的产学研一体化远比欧洲做得好。应用技术是资本密集型，需要大量投入，并且有巨大风险，因此无论是传统财政体系还是传统金融体系，都很难满足其需要。政府财政是来自纳税人的钱，没有任何合法性承担高风险投资；同样，传统银行也很难用存款人的钱来承担高风险的投资。在美国，这一风险主要是由风投体系来承担的。可以毫不夸张地说，风投是当代世界最具有意义的金融创新。风投体系是美国应用技术市场的主角，没有风投体系，很难想象美国科技如何取得进步。从经验的角度看，二战以来美国有数不清的实体经济活动尤其是制造业领域都是风险的产物，或者说这些实体经济是用金融"砸"出来的。欧洲国家的风投体系没有像美国那样发达，但因为属于西方市场，所以可以获得美国风投的支持。亚洲的日本、韩国、新加坡和中国台湾等经济体，也有类似的性质，因为属于西方市场，所以可以从西方获得风投。

苏联为什么会失败？

我们可以进一步比较苏联和美国的经验来说明这一"三位一体"创新模式的重要性，因为前者被视为是在美苏争霸中失败的，而后者被公认为是成功的。

在美苏争霸时代，苏联的科技工业体系从技术引进与消化阶段逐步过渡到基础科学研究转化阶段，苏联曾经获得了一定的自主创新能力，显示出快要跨越"中等技术陷阱"的迹象。从理论上讲，苏联应该开始实现科技自立自强，推动高质量的创新驱动的经济发展。然而，现实的情况是，苏联的科技水平在达到一定的高度后没有能实现可持续的迭代进步，在有些领域甚至倒退。

苏联的科技创新引擎为什么会熄火呢？我们可以从创新经济的"三位一体"模式的角度来分析苏联科技发展最终没能跟上时代的原因。

首先，从基础科研系统来看，苏联通过发挥其举国体制的优势在这方面投入了大量资源，但始终没有把握住基础科研不是资本密集型而是"兴趣"或"自由"密集型的本质。政治因素对基础科研的独立性和学术自由性造成了压制，限制了科学探索的发展。这些因素导致苏联基础科研系统缺乏创新能力和适应性，无法为经济发展提供持续的知识和理论基础。

这种对科学研究的压制始于斯大林时代。早在 20 世纪 20 年代，苏联的某些科学研究领域就被贴上了"资产阶级"和"唯心主义"的标签。在苏联，所有的研究，包括自然科学，都必须建立在辩证唯物主义哲学的基础上。在苏联历史上，许多科学研究领域都被各种涉及意识形态的理由禁止或打压，许多科学家由于意识形态问题被解雇，有的甚至被拘捕。

基于意识形态而对科学家进行迫害对苏联科学的许多领域产生了巨大影响。例如在 20 世纪 30 年代中期，农学家李森科发起了一场反对西方遗传学的运动，拒绝接受受到实验支持的孟德尔和摩尔根遗传学，并得到了斯大林的支持。孟德尔遗传学受到压制，因为它被认为是"资产阶级科学"。在斯大林执政期间，控制论也因被视为"资产阶级伪科学"而被取缔，这种基于意识形态的怀疑和敌对态度阻碍了苏联控制论和计算科学的发展。此外，苏联党内理论家认为统计学是一门社会科学，因此统计学的许多应用都受到限制，"大数定律"和"随机偏差"等统计学思想与概念被判定为"错误理论"，统计学期刊和大学院所被关闭，尤金·斯卢茨基和柯尔莫哥洛夫等世界著名统计学家放弃了统计研究。

20世纪40年代末，物理学的某些领域，包括量子力学、狭义相对论和广义相对论，在苏联被贴上"唯心主义"的标签受到批评。随后，苏联并没有继续推动寻找"意识形态上正确"的物理学领域的计划，也没有完全清除那些拒绝遵守"正确意识形态"的科学家，因为这样做会对苏联核武器研发造成阻碍。斯大林取消了已经在计划之中的针对物理学的"意识形态"斗争运动，给了当时的苏联科学家一些空间，使得他们后来能在几个领域取得重大进步和成就。然而，无论是斯大林还是后来的苏联领导人，都未完全放松对基础科研的基于意识形态的控制，使得苏联科学家始终无法在自由的学术环境下去追求他们内心的好奇心，无法不受束缚地去探索前沿的科学问题。苏联政府对基础科研进行基于意识形态的控制是一个巨大的失误，也是后来苏联与美国及其他西方国家在科技水平上的差距被不断拉大的一个重要原因。

从应用技术系统来看，苏联也取得了一些成就，特别是在军事和航天领域。但总体而言，苏联作为后发经济体，虽然技术引进与消化能力较强，但自主创新与持续迭代能力相对不足。这其实就反映出苏联当时没能完全跨越"中等技术陷阱"——强大的自主创新与持续迭代能力是一个跨越了"中等技术陷阱"的经济体必须具有的特征。

由于经济体制的限制和集中决策的模式，苏联没有形成市场化的科研生态，政府以行政力量推进军事、航天等战略领域的技术应用，而非依靠市场需求牵引技术创新，科研成果很难转化为商业化产品，这使得苏联的应用技术系统缺乏市场导向和创业精神，从而无法形成科学探索与解决社会和经济需求之间的回路，无法维持科技创新和研发活动的长期可持续性。计划经济体制导致科研项目与产业脱节，科研系统与产业体系分割，技术成果转化渠道单一，链条不畅。创新的动力主要来自政府的指令性计划和资源配置，而政府官僚作风严重，阻碍了科研人员与决策层的有效沟通，许多科技成果无法转化。例如苏联在移动通信和计算机技术上都曾经取得过突破，一度领先西方，但因官员观念陈旧而被叫停，未能将技术转化为产业。在长期的计划经济下，企业家精神和市场竞争已经基本上不存在了，这进一步限制了技术转化和商业化的能力。在应用技术系统方面，军用和民用技术脱节，重工业和轻工业、农业技术水平严重失衡，无法有效满足社会大众和经济发展的需求，从而影响了技术进步的可持续性。

从金融支持系统来看，苏联的金融系统在对创新经济的支撑作用上也存在很大的问题。虽然政府提供了资金支持，但由于经济体制的限制，苏联的金融系统缺乏市场化机制和风险投资那样的多元化科研资金支持渠道。苏联的银行系统长期由唯一的国有银行构成，即苏联国家银行。苏联国家银行的运营逻辑与商业银行完全不同，它没有盈利动机，也不会独立而公正地评估贷款方的信用度，而是按照苏联政府的指示向特定的个人、团体和行业提供贷款资金。这导致资金配置效率低下，也无法为个体和企业进行创新、创业提供充分的支持和激励机制，从而限制了创新经济的可持续发展。

在长期的计划经济体制下，苏联的财政系统对其各方面的发展发挥了重要作用，包括对基础科研和应用技术的资金支持。直到 1985 年戈尔巴乔夫执政，苏联才开始进行市场经济的改革探索。因此，在分析苏联的金融支持系统时，必须考虑其财政系统发挥的作用。财政体系在支持基础科研和应用技术转化方面也有很多直到苏联解体都未能解决的问题，包括：优先支持军事和航空航天等战略产业，对电子信息等民用科技投入不足；与科研体系、产业体系脱节，难以形成技术创新生态；资金分配不重视市场需求导向，导致科研产出难以转化；资金分配按产业划分，不利于上下游技术融合创新；资金分配机制僵化，项目立项和资金申请周期长，不利于科技创新。概括而言，苏联最终失败的原因之一是创新经济不可持续。具体来说就是基础科研系统受到政治干预和计划经济体制的限制，应用技术系统缺乏市场导向和创业精神，金融支持系统缺乏市场化机制和有效的资金支持。苏联巨大的研发投入虽然带来了许多先进的军事技术，但由于其基础科研、应用技术和金融支持三大系统存在上述问题，这些靠消耗巨额社会财富换来的先进军用技术无法转换为民用技术，无法有效提高社会的生活水平，对经济增长没有促进反而产生挤出效应。苏联社会经济制度改革没能与时俱进，没能建立起促进科学探索、技术进步和经济发展的良性循环，从而限制了其创新能力和经济可持续性。因此，虽然在一段时期内苏联科技和工业实力迅速崛起，但是缺少经济和社会基本面支撑，长期来讲不可持续，最终没能彻底跨越"中等技术陷阱"。

应当指出的是，苏联失败的原因远不止这些，另一个极为重要的原因前面已经讨论过了，即苏联与西方脱钩和苏联自身的封闭性，使其没能在开放的条件下进行科技创新。

美国为什么能成功？

和苏联比较，美国则实现了科技进步的长盛不衰。原因很简单，科技创新的"三位一体"模式在美国得到了比较理想的应用。以美国为例，我们可以对"三位一体"模式在现实中如何运作进行更具体的说明。美国的科技创新体系是一个多层次、多领域的合作网络，涵盖多个方面，其中发挥最主要作用的是基础科研、应用技术和金融支持三大系统。这三大系统各司其职，同时又相互协作，为美国的科技创新提供了强大的支持和推动力。

在美国的科技创新中，基础科研发挥着关键作用。基础科研为技术创新提供了理论基础和持久动力。例如，现代计算机技术在美国的发展离不开对数学和计算理论的基础科研。基础科研也对新兴产业发展起到了重要推动作用，例如基因组学的基础科研为生物技术和医药产业在美国的兴起奠定了基础。美国政府认识到基础科研作为整个科技体系总源头的重要作用，通过拨款、基金和研究资助计划等方式为基础科研提供大量财政支持。美国国家科学基金会（NSF）和国立卫生研究院（NIH）等机构是重要的基础科研资助机构。美国基础科研的资金来源主要包括政府拨款，政府资助的机构通常通过同行评议制度对研究项目进行评估和选择。美国开展基础科研的主体主要由大学和研究机构组成。美国的大学拥有丰富的研究资源和科研人才，承担了大部分基础科研的任务。除了政府和大学，私营机构和非营利组织也在美国的基础科研中扮演着重要角色。许多大型企业、研究院所和基金会在基础科研领域投入了大量的资金和资源，私人机构投资发挥着越来越大的作用。

在基础科研方面，美国一直坚持开放、自由、包容的科学研究精神，美国的大学和研究机构提供了自由的学术环境，在管理方式上尊重科学家的研究自由和创新精神，鼓励研究人员追求纯粹的知识探索和理论构建，保证了科研成果的高质量和创新性。

在应用技术方面，美国的市场和企业起到了关键作用。与苏联不同，美国应用技术系统十分注重市场需求和商业应用。市场机制能够提供经济激励，鼓励企业进行应用技术研究并将其成果推向市场。美国的应用技术研发主要由企业来推动。应用技术领域的成功与企业家精神密不可分，美国企业的背后有一群杰出的企业家和创新者，他们展现了非凡的企业家精神，并通过应用技术研发取得了许多突破性成果。美国之所以能够培育出众多的企业家，其中一个关键原因是其健全的知识产权保护和对个人合法财富的保护机制。知识产权保护是激励创新和创业的重要制度基础，而对个人合法财富的保护则为个人追求经济利益提供了稳定、可靠的环境。此外，工业实验室在美国应用技术的研发中发挥了重要作用，为企业提供了研究平台、资源支持和人才培养。例如，贝尔实验室在 20 世纪的技术创新中扮演了重要角色。最近十几年来，谷歌等信息技术巨头旗下的实验室大大推动了人工智能领域的研究。

在应用技术领域，与苏联形成鲜明对比的是，美国建立了一套军民融合的科技创新体系。美国一方面坚持军用优先原则，同时根据军力水平的提升，不断解除军用技术的限制，以满足不同市场需求，并积极推动军用科技创新成果的经济转化，从而创造大量社会财富。全球定位系统（GPS）、遥感技术和微波炉等都是美国军用技术民用化的例子，它们都释放出了巨大的经济效益。美国之所以能在应用技术领域成功地推动军民融合，一个极为重要的原因在于，无论是军用技术还是民用技术的研发，都主要由民营企业来推动，而且军工巨头同时也经营民用技术业务，这就使得军用和民用技术能较为顺畅地对接。在美国，没有专门从事军用技术和国防装备生产的企业，作为市场经济主体的民营企业具有追求利润的动机。在不威胁国家安全的前提下，美国企业将军用科技创新成果转化为经济红利的效率非常高，所获得的经济效益远远超过了军用科技创新的成本。这种模式形成了"军用优先"和"释放经济红利"之间的内在统一和良性循环，大大减轻了仅靠政府财政来推动科技发展给社会经济造成的挤出效应和负担。

在金融支持方面，美国的银行业和风险投资都是支持创新经济的重要渠道。银行业提供贷款和融资服务，帮助创新企业获得发展所需的资金。其中，美国的中小银行和社区银行为许多中小企业提供了优质服务，在经济发展中扮演着重要角色。更为关键的是，美国的风险投资在支持高风险、高回报的创新项目方面发挥着重要作用，早已成为助推美国创新经济起飞的重要力量。美国风投业的成功不是一蹴而就的。在其发展的过程中，国家意识和政府行为起到了非常重要的作用。打造成熟的风投业，是一个复杂的系统工程。风投业的成功需要一个能与之匹配的高效的资本市场，同时还需要一套兼具宏观审慎和对创新的包容性的较为成熟的监管机制。

如何改进中国基础科研系统

从科技创新的这三个条件来看，在体制和政策层面，我们需要进行一系列的改革。这当然不是说我们需要复制西方的成功经验。西方的成功经验可以学，但很难复制。我们需要思考的是如何根据中国的实际情况来满足这些条件。如果不能取得与成功国家完全一样的条件，那么就要找到替代方案，用自己的方式来满足这些条件。

科技创新"三位一体"模式的第一支柱是基础科研。随着科技创新型经济的发展，基础科研越来越成为核心，得到各国尤其是大国的重视。基础科研的成果具有超前性，其重大突破对提高人们认识世界和改造世界的能力，对高新技术产业的形成、经济发展与社会进步，乃至人们的生活方式，都会产生深刻的影响和引领作用。基础科研是科学技术创新的源头，是推动经济发展的重要力量。一个经济体的基础科研水平决定了其经济状况是属于前沿经济还是追赶经济。

过去几十年来，中国在基础科研方面取得了很多进展，但在基础科研、应用技术和金融支持三大系统分工协作的"三位一体"发展模式中，基础科研总体来说是我们的软肋。相对世界先进水平而言，中国的基础科研还相当薄弱。诺贝尔奖的获奖数据很能说明问题。在化学、物理学、生理学或医学这三大基础科研领域，诺贝尔奖得主最多的三个国家是美国、英国和德国。如果用人口数量作为标准化分母来衡量，则是英国第一、德国第二、美国第三，这三个国家每 1 亿居民的获奖数量在 50~100 之间。到目前为止，中国籍的基础科研领域的诺贝尔奖得主只有屠呦呦一人，全部华裔统计在内有 10 人。中国每 1 亿居民的获奖数量为 0.07（按中国籍获奖者）或 0.7（按华裔获奖者），这与基础科研先进国家的水平还相差甚远，与 7.3 的世界平均水平也有相当大的差距。与犹太民族比较，差距更大。犹太裔的基础

科研领域诺贝尔奖得主有 150 位，按人口平均的话，每
1 亿人中有 938 人获奖。

　　要想全面提升我们的基础科研水平，就要找到中国
基础科研相对较弱的根本原因，并在此基础上制定改进
基础科研的战略思路，通过系统性地重塑与之匹配的教
育、管理和软基建系统，为中国基础科研的崛起创造有
利条件。

区分基础科研和应用技术

　　因为很多应用技术来自基础科研，所以基础科研和
应用技术紧密关联，很难把两者区分开来。但是，如果
不把基础科研和应用技术区分开来，一个社会的大多数
人、财、物都会投在应用技术上。道理很简单，因为应
用技术是"形而下"，可以转化成实际利益，而基础科
研表现为"形而上"，和实际利益相去甚远。现实的情
况是，我们现在还没有明确地界定基础科研和应用技术，
各种国家科研指引里所界定的"基础科研"还属于应用

技术，国家的投入还是集中在应用技术而非基础科研。人们习惯把科学和技术放在一起，对两者不加区分，但实际上，科学和技术是两个不同的领域，尽管它们是关联的。

究竟什么才是基础科研呢？基础科研，又被称为基础研究或纯科学研究，是一种通过改进科学理论从而更好地理解和预测自然或其他现象的研究活动。基础科研的成果由科学共同体检验。通过检验被确认的基础科研成果，是对既有科学理论的一种革新和改进，成为科学知识的一部分，并为全人类所共有，是不折不扣的国际公共品。一个经典的例子就是爱因斯坦提出的狭义和广义相对论，是对牛顿力学的重大突破和改进，标志着人类对宇宙自然运行规律认识的一次新飞跃。迄今，一切科学理论的真理性都是相对的，或者说人类还没有掌握完美的科学理论。基础科研的目标就是要产生更好的科学理论。

那真正的基础科研应该具备哪些特征？首要的是动

机要纯。基础科研不是资本密集型，而是兴趣密集型的，是科研人员追求兴趣的结果。因此，我们对基础科研的态度不能带有太多的功利性，不能为了解决现实问题而搞基础科研。为了解决现实问题而搞的研究归根到底还是应用研究，不是基础科研。搞基础科研，如果一定要有目的，那就是增进人类的知识，生产属于全人类的国际公共品，因为基础科研的产出是无国界的、公开的、可以免费获得的科学知识。凡是能够注册专利、被作为商业或军事机密的都是应用研究，不属于基础科研的范畴。

确立科学人口培养系统

大学是培养科学人口的主体组织。在这方面，需要做好两项主要工作：一是把"科学人口"的数量做大，让越来越多的中国人有兴趣且有能力去从事基础科研工作；二是创造条件让这些人去追求自己的兴趣，发挥自身的能力。

虽然大学是培养科学家的主要组织，但是否可以培养"科学人口"则取决于是否存在一个与之匹配的教育系统。特别是基础教育，即小学到初中的教育，对于培养科学兴趣和能力尤为关键。要胜任基础科研的工作，需要对科研具有浓厚的兴趣，同时也需要具有相当特殊的能力组合，包括独立思考、想象力、逻辑思维等，这些都需要从小培养。

兴趣是推动科学研究的重要动力。有兴趣会使科学家更投入地研究问题，有助于创造性思维的产生。因此，培养学生的科学兴趣对于培养未来基础科研人才至关重要。但是我们现在的教育系统对这种兴趣，基本上起到的是抹杀效果。中国的应试教育体制过于强调标准答案，缺少鼓励学生思考和探究的环境。许多学生被迫学习与兴趣无关的科目，失去了学习的内在动机。此外，课业负担重，学生缺乏自主探索科学的时间和精力。许多家长和学校也存在功利心态，更看重分数而非兴趣。其结果就是，很多学生到了中学毕业进入大学时，早就失去了对学习的兴趣，更不用说对科学的兴趣了。

基础科研所要求的独立思考能力是一种很独特的使用大脑的方式，和人类传统思维方式乃至当今世界上绝大多数人的思维方式有着很大的区别。科学的本质是反权威，即理性的怀疑精神，对一切学说，包括既有的科学理论，都保持一种健康的怀疑态度。对自然科学的发展做出过巨大贡献的英国皇家学会，即英国国家科学院，其院训就是"不随他人之言"（Nullius in verba）。对"科学人口"来说，只要新的证据出现，表明他们以前相信的观点是错误的，就可以否定以前的自己。只要有新的信息进来，就要重新审视自己的观点并调整自己的行为，即使自我否定、改弦更张，也不会觉得有丝毫的丢脸，这就是"科学人口"最显著的思维方式和行为模式。而我们现在的教育系统对基础科研所依赖的独立思考和怀疑精神起着阻碍作用。

培根说"知识就是力量"，而"想象力比知识更重要"则是爱因斯坦的名言。知识固然重要，但对培养

"科学人口"而言，爱因斯坦的观点更具有参考价值。随着人工智能领域大型语言模型的崛起，各个学科的解题能力逐渐被自动化，就知识本身而言，人脑所能掌握的知识量早已赶不上计算机所能系统性地归档的知识库规模，人类逐渐失去在这些方面的相对于机器的竞争优势。在这样的背景下，想象力和提出有价值问题的能力的重要性愈加凸显。而我们当前的教育系统还是以灌输知识和培养解题能力为核心，在培养想象力和提问能力方面十分欠缺。

数学是自然科学的基础，而逻辑学是数学的基础。逻辑思维能力也是"科学人口"必须具备的能力。这种能力的培养是需要时间的积累和沉淀的，起步越早越好。从20世纪80年代末开始，中国的教育系统逐步弱化和缩减了逻辑学教学。1988年，中学语文教材删除了逻辑学内容。一些"专家学者"进而提议取消师范院校课程中的逻辑学。进入20世纪90年代，情况持续恶化。在许多大学，逻辑学课程从必修变为选修。最典型的是，

1998 年国家教委文件将逻辑课从汉语言文学专业（师范类）的专业基础课程中删除。如今，不仅大众和中小学生，就连许多大学生可能都从未听说过"逻辑学"这门学科。削减逻辑学课程确实能节省一些资源，但对中国基础科研的发展无疑是不利的。

如果不对中国的教育系统进行重塑，使之能够从小培养学生的科学兴趣以及独立思考、想象和逻辑思维等能力，做大做强我们的"科学人口"规模就是不切实际的想法。

建立与科学研究相适应的管理体系

有了一定的"科学人口"规模，接下来就是要让他们可以长期稳定地从事基础科研工作。因为基础科研系统由大学等研究机构组成，这些大学和机构的管理方式直接决定了这些"科学人口"能否在一个自由的学术环境下，去追求他们的好奇心，探索前沿的科学问题。对改进基础科研而言，中国的科研系统目前最大的问题是整个科研管理系统在架构上还是为解决现实问题而进行的应用性研究，不是为了促进真正的"兴趣密集型"或者说"自由密集型"的基础科研。科技部发布的国家重点基础研究发展计划中的科研项目目录中，真正的基础科研领域的项目少之又少。实际上，在世界范围内，说得极端一些，基础科研不是被机构（包括政府和研究机构）计划和规定出来的，进行基础科研的唯一驱动力是科研人员的兴趣。

与中国现有的科研管理系统的底层逻辑不同，基础科研不是为了解决现实问题，因此我们需要建立一套专门促进基础科研的管理体系，这套体系，需要区别和独立于现有的针对应用技术发展的科研管理体系。中国的新型举国体制，能够集中力量办大事，对于推动关键核心领域的技术攻关，在应用技术领域实现对世界先进国家的赶超，具有重大意义，并被证明是十分有效的。但是现在我们要想搞好真正意义上的基础科研，即要生产出属于全人类的新的科学理论和知识，就必须探索形成一套有利于"科学人口"发挥所长的管理体系。在这个基础科研的管理体系中，能否赋予科研人员足够的自由，让他们在内在动力的驱使下长期稳定地开展不是为了解决现实问题而开展的基于好奇心的科学探索，是我们搞好基础科研的一个必要条件。

行政干预必须尽量减少，更不能用行政逻辑替代科研逻辑。国家还需帮助建立基础科研院所需要的实验室，提供需要的实验设备。这些实验室和实验设备必须是开放式的，以避免各个大学和科研机构重复建设，提高实验室和实验设备的使用效率。要参照欧盟的经验，在不同区域的大学和实验室之间建立横向合作，形成基础科学研究网络。

建设与科学研究相适应的软基建

虽然基础科研不是资本密集型的，但依然必须有足够的金融投入。虽然近年来我们加大了对科研经费的投入，但相对于其他发达国家来说，我们的科研经费投入仍然不足，尤其是在基础科研领域。近年来，美、英、法、日等科技强国用于基础科研的经费占其国内研发总投入的 12%~23%，而中国的这一投入只占国内研发总投入的 6% 左右，其中不少还不是真正意义上的基础科研，而是应用技术研发，真正用于基础科研的经费可能不到 1%。所以，基础科研在中国本身就是"从 0 到 1"的一件事情，而且我们现在还处于比较靠近"0"的阶段，和别人的差距是"有"和"没有"之间的距离。

除了金融投入，解决基础科研工作者的薪资待遇、福利和保障等问题，即"软基建"问题同样重要。中国研发经费投入强度（研发经费与 GDP 之比）近几年来增长迅速，2022 年已达到 2.55%，已经接近发达国家平均水平。但在中国的研发投入中，试验发展经费占比非常高，达到 80% 以上，其中大部分用于科研基础设施的建设，例如实验室建设和仪器设备的制造、购买和安装。用于提高科研人员，特别是青年科研人员福利和收入的科研"软基建"明显不足。科研"软基建"的滞后与科研"硬基建"（各种实验室和大型科研设备）上的各种大手笔投入明显不成比例。机器固然重要，但要出成果，最终还是要靠人的努力，这种投入结构上的不合理，对提高科研人员积极性和吸引人才极为不利，是制约我国基础科研实力提高的一大障碍。

对基础科研来说，最重要的莫过于人才市场和自由的思想市场。基础科研离不开人才。基础科学几乎都是科学家追求其科学兴趣的结果。基础科研也离不开不同文明、文化和国家的科研工作者之间的充分交流。在这两方面，最大的不确定性来自美国和一些西方国家对中国进行的"脱钩"。在基础科研方面，美国占据绝对优势。如前面所讨论的，虽然二战之前，美国并没有所谓的基础科研，全世界的基础科研大多由欧洲国家主导，但二战之后，或者确切地说，在《布什报告》出台之后，美国很快改变了这个局面，并一直占据主导地位。主要原因在于美国开放的人才政策和来自不同文明、文化背景的人才所创造的自由思想交流。人才对基础科研的重要性可以用这样一个经验事实来说明，即在很大程度上，基础科研就是科学家（人才）在自身内在兴趣驱使下对科学知识与真理的探索与表达。

从基础研究科教系统和国际人才的吸收来说，我们要充分利用好香港这个战略城市。在香港的七八所大学中，有五所位于QS[①]大学排行榜前100名，有三所位于前50名，而且大学领域的优势使香港具有发达的教育科研系统。在大湾区，如果将广东的九个城市与香港、澳门整合起来，就可以弥补内地基础研发能力薄弱的劣势，让我们拥有不容小觑的基础科研系统。香港（也可以包括澳门）对国际人才仍然具有很大的吸引力。香港一直是一个开放城市，在很长时间里一直是欧美人才的集聚地。香港国际人才的基础设施依然完整，例如工资水平较高，税收低，出入自由，拥有国际人才子女求学所需要的国际学校教育系统，医疗系统完善，法治完善，

---

① QS世界大学排名是由英国国际教育市场咨询公司 Quacquarelli Symonds（简称QS）所发表的年度世界大学排名。——编者注

等等。在这方面，中国应当学习新加坡等国的人才政策，在国际市场上找人才，找到之后就要想方设法加以引入。

在确保科研思想市场方面，当政府与政府的关系变得困难的时候，更应当加强、强化和国外大学的交流。美国和西方国家大多恐惧的是应用技术，而很多基础科研离应用技术还很远，因此它们对基础科研并没有太多的敏感性。因为基础科研大多产生于大学和研究机构，通过大学的交流来获得最新的科研思想无疑是最有效的。再者，在传统学术期刊之外，要充分利用大数据工具来了解世界基础科研动态。虽然中美两国（或者中国和西方国家）之间的直接交往变得困难一些，但也可以利用"第三地"（例如东南亚国家）来做间接的交流，以确保在科技思想层面不会与发达国家"脱钩"。

改革目前的科研评审制度

基础科研需要很长时间，需要长期的投入。目前过度官僚化的科研评审制度非常不利于科学家对其兴趣进行持之以恒的追求。在目前的评审体制下，基础科研"应用技术化"现象非常严重，很多科学家转向了"有用"的研究，即转向了应用技术。然而就像前文所讲述的，"天才"科学家只在自身内在兴趣驱使下对科学知识与真理进行探索，这种兴趣金钱买不来，也不是行政级别和学术职称晋升通道能创造的。中国目前的科研评审制度，对驱动"天才"科学家的内在兴趣极不友好。当科学家不用为了评审而自由地去追求其科学兴趣的时候，基础科研才有希望得到良好的发展。

如何改进中国的应用技术系统

科技驱动"三位一体"模式的第二支柱是应用技术。一个国家应用技术系统的综合水平决定了这个国家是否已经跨越"中等技术陷阱"。自新中国成立，特别是改革开放以来，我们在应用技术方面取得了巨大的进步，在高铁、盾构机和5G等一些技术领域达到世界领先水平。中国在应用技术领域能取得如此大的成功，概括起来主要有三个方面的原因。第一，在新中国成立后至改革开放前的不到30年的时间里，由国家主导的工业化努力为中国成为一个全产业链工业国打下了基础，国家推动的重大传染性疾病的防治工作和大规模的"扫盲"识字运动使得人均寿命和人民基本文化素质得到巨大提升，大大提高了中国的人力资本水平，总人口在那一时期的快速恢复和增长也为后来"人口红利"的释放打下了基础。第二，过去40多年里，国家实行改革开放，使得我们可以通过引进外国优质资本，在以前所积累的人力资本和产业链基础上进一步学习、消化和吸收国外先进管理方式和生产技术。第三，我们的"举国体制"和国家在大项目上的决策能力，与中国巨大的人口规模带来的市场规模优势相结合，使得很多技术的应用在我国比在很多其他国家具有更高的可行性和社会经济回报，包括5G在内的新一代信息通信技术和高铁就是其中十分典型的例子。

但是，我们也需要正视短板和不足。总的来看，中国的科技发展目前基本上还处于技术应用式发展阶段，即通过发达国家的技术传播和扩散，对其加以应用。我们仍然缺乏原创性、突破性和颠覆性的技术创新。被一些人称为"新四大发明"的高铁、网购、移动支付和共享单车，这些技术或商业模式都不是我们原创的，我们只是利用我们的人口规模和国内庞大的市场，在改良和推广这些应用上处于领先。在现有应用技术的许多领域，中国与世界领先水平之间仍然存在较大差距，在关键技术和核心技术的自主创新能力方面仍有欠缺，很多技术仍然需要依赖进口。除了芯片和光刻机这些媒体报道较多的方面，中国在很多高技术含量的工业产品上对外依赖度也非常高，这些工业品很多基本上找不到国产替代品。硬件方面，各类燃油发动机、高精度机械设备和传感器、高端光学元件、实验仪器、医疗器械和检测仪器的对外依赖度都很高。软件方面，从办公软件到工业制图软件，从数据库到操作系统，都是我们的软肋，还不能摆脱对国外技术的依赖。导致今天这种局面的原因有多种。

第一，前面讨论过的基础科研所存在的问题，尤其是"科学人口"的稀缺，严重制约着中国应用技术的进步。综观世界各国，凡是能不断做出"从0到1"的技术突破的国家，都是基础科研方面的强国。无论是通过本国的教育系统进行培养，还是吸引外国人才，这些国家能聚集足够多的"科学人口"，并能创造一系列条件让他们发挥所长。基础科研系统的强大和大量的"科学人口"对应用技术系统的发展带来巨大的正面溢出效应。

这些"科学人口"未必都从事基础科研工作，他们中的一些人会进入企业或自己创办企业。例如比尔·盖茨和马斯克，从思维模式上看都属于"科学人口"。"科学人口"如果不从事基础科研而去创业，是很有可能做出"从0到1"的技术突破的。而不具备独立思考、想象、逻辑思维等能力的"非科学人口"，去从事技术创新或创业活动并做出原创性技术突破的可能性则低得多。

与此相关联的是风投人口的缺失。前面已经强调过，二战以来的很多科技都是风投"砸"出来的。风投业对颠覆性创新具有难以替代的推动作用，而风投业自身的发展也离不开"科学人口"的加入。比较而言，守成大企业由于既得利益往往不倾向于做"从0到1"的颠覆性革新。ChatGPT出自由风投支持的中小企业OpenAI，而不是谷歌这样的人工智能行业巨头，就是一个典型的例子。中小企业能做出原创性、颠覆性技术创新，风投业提供的金融支持功不可没。在风投业发达的美国，无论是那些成立于20世纪60年代初旧金山湾区的早期风投基金公司，还是当今世界第一大风投基金红杉资本，成功的风投基金背后都有一群具有专业知识、对行业有深刻理解并有创业经验的"科学人口"来参与其管理和运营。如果一个风投基金的管理人员不具备"科学人口"所应具备的素养，不管这只基金的资本有多么雄厚，都很难获得成功。在中国，"科学人口"本来就稀缺，同时存在人才流失问题，在吸引和留住高端人才方面还存在困难，剩下的"科学人口"中去从事创新创业和风投的更是凤毛麟角，我们的应用技术领域目前还缺乏"从 0 到 1"的突破也就不难理解了。

第二，隐性技术知识（industrial know-how）积累不足限制了中国在现有技术领域迈向世界先进水平。中国在许多现有技术领域还没有达到"8 到 10"的世界先进水平的根本原因在于我们的隐性技术知识积累不足。所谓现有技术，指的是人类已经发现、发明并证明可行的技术领域，例如 2 纳米制程芯片、深紫外光刻机和高端轴承等。别人做出来的东西，即使精密度和技术含量再高，也已经被证明是可以做得到的，其背后的基础科学原理是人类共享的科学理论知识，因此在科学原理上不存在秘密。我们之所以还是做不出来，或者说复制不出来，主要是因为隐性技术知识积累不够。与作为国际公共品的基础科学理论知识不同，隐性技术知识通常都是以商业秘密或军事机密等形式存在的，拥有者一般不会与外界共享，特别是那些具有重大经济或战略价值的隐性技术知识。对一个经济体而言，它所掌握的隐性技术知识的总和决定了它的应用技术的综合水平。

很多精密产品，即使买来成品拆开，也很难用逆向工程来破解制造工艺中的所有秘密，上述高端芯片、光刻机、轴承都是如此。这些产品或核心零部件的生产，被世界上少数几个国家或地区控制，如果它们限制出口不卖给我们，我们就会被"卡脖子"。而"卡脖子"的本质就是要阻止我们在应用技术上迈向"8到10"的世界先进水平。关键核心技术中的"要不来、买不来、讨不来"的部分，主要就是蕴含在其中的隐性技术知识。这些隐性技术知识是发达国家的那些高科技企业用来"看家"和"吃饭"的东西，当然不会拱手相让，我们只能靠自己努力来获得。

目前，我们还无法实现一些高技术含量产品的完全国产化，这其中最关键的原因是制造这些精密产品涉及大量工艺细节和参数，这些隐性技术知识就隐藏在这些高技术含量产品制造过程的细节之中。除了专利，隐性技术知识还涉及许多非专利的商业秘密，其中许多是我们不了解的。许多有价值的制造工艺细节并未以专利形式存在，而是被企业视为绝不外传的商业机密，因为专利一旦注册就要公开细节，而且专利是有期限的，而商业秘密只要不泄露，就可以持续不断地为企业带来盈利。例如，高端轴承所需的高品质钢材，其制造工艺包括往钢材中掺入稀土等元素以改进品质，这不属于基础科研，而是应用技术系统的隐性技术知识。发达经济体的企业在这些领域积累了数十年甚至上百年的经验，而我们对某些领域尚未完全掌握。要取得突破，我们应该在应用技术研发领域发力，解决问题的关键在于通过持续而稳定的研发投入来促进隐性技术知识的积累，进而提升应用技术水平。

要改进中国的应用技术系统，我们至少需要考量以下几个方面的问题。

改善"技术人口"的培养系统

提高基础科研水平和扩大"科学人口"的规模，是增强中国产生"从0到1"的技术突破能力的有效渠道。前面讨论如何改进中国基础科研系统时指出，一个国家"科学人口"的规模对这个国家的基础科研水平起决定性作用。对应用技术系统而言，"技术人口"的规模同样至关重要。"技术人口"是一个与"科学人口"类似的概念，指的是那些既有能力又有兴趣去从事应用技术方面工作的人。"技术人口"所需要具备的能力中最为重要的是解决实际问题的能力。而解决实际问题的能力，是工程思维方式和动手这两种能力的叠加。一个人如果同时具有良好的工程思维能力和动手能力，那就是相当完美的技术类全才。在这两种能力中，比较偏向于工程思维能力的人可以成为很好的工程师，比较偏向于动手能力的人可以成为优秀的技师。这两种人都属于"技术人口"。需要强调的是，这两种能力不能偏废——毫无动手能力的人不可能成为称职的工程师，完全不具备工程思维能力的人也无法成为优秀的技师。以这样的标准来衡量，中国不但缺少"科学人口"，真正的"技术人口"也是十分匮乏。

正如"科学人口"对基础科研是充满热爱的,"技术人口"一旦钻研进去,也会对他们擅长和专注的领域产生兴趣和热爱,在工作时完全沉浸其中,让从事技术工作变成令人满足且愉悦的事情。这也就是"工匠精神"。

我们可以把"科学人口"和"技术人口"总称为"科技人口"。要提高中国的应用技术水平,扩大"科技人口"的规模是一大关键。而要扩大"科技人口"的规模,教育系统是根本。特别是小学和初中阶段的基础教育,对于培养"科技人口"需要具备的能力和兴趣至关重要。如果错过6~15岁这个学习的黄金年龄阶段,只寄希望于大专院校来培养科学家、工程师和技师,效果将大打折扣。

我们现在的教育系统从激励机制来看,基本上没有把培养"科技人口"作为明确的目标。我们从小学到中学的基础教育,培养的是那些只会记住被灌输的知识并能解题和应付考试的人，也就是 ChatGPT 等人工智能技术最先淘汰的那批人。如果我们希望中国的下一代中涌现出更多世界一流的科学家、工程师和技师，那就需要尽快解决教育系统中的激励扭曲问题。最起码我们要让培养解决实际问题的能力成为基础教育的一个重点目标，要从小培养学生的动手能力和通过自学来解决实际问题的能力，并且要把对这些能力的检验纳入升学评价体系。

除了基础教育，高等教育也存在很严重的激励扭曲问题。从每年理工科本科以上毕业生数量来看，中国远超美国，多年来稳居世界第一。表面上看，我们每年都新增很多"科技人口"，但实际上，这些理工科毕业生中的绝大部分不属于真正的"科技人口"，因为他们既无能力也无兴趣去从事真正的基础科研或应用技术工作。"理科科举化，工科理科化"，是中国大学面临的一个严重问题。与美国等发达国家的理工科教育对比一下，就更能发现差距和问题。美国、日本等科技强国近年来开始减少文科生数量，增加理工科（STEM）办学规模。这些国家的理工科大学教育要求较为严格且注重实践，以良好成绩毕业的本科生很多都能直接胜任工程师的工作。斯坦福大学和普林斯顿大学等名校还为理工科本科生设立创业课程，以实践型项目教授学生产品创意与设计、风投和金融创新等实用知识。斯坦福大学还开设了"科学、技术与社会"本科专业，培养既懂科学和技术又能与市场经济的运作结合起来的复合型人才。这种技术中介部门及其人才群体，正是中国现在所缺乏的。这些发达国家的"科技人口"规模和基础本来就比我们好，还在耐心地花大力气来做好本国大学的教育工作，并通过专业的移民政策来吸引全球人才。在国际环境复杂多变、美国想方设法打压我们的科技进步、英美等国限制中国留学生就读理工科"敏感专业"的情况下，这些科技强国重视进一步扩大其"科技人口"规模的一系列成功经验值得我们学习借鉴。

促进隐性技术知识积累需要克服激励扭曲问题

隐性技术知识的积累，是帮助中国在现有技术领域迈向世界先进水平的有效渠道。要促进隐性技术知识的积累，我们需要设计并执行一套有效的激励机制。然而在现实中，中国的应用技术系统存在不少激励扭曲的地方，造成了许多与制定激励措施的初衷相违背的负面后果，使得隐性技术知识的积累还未得到应有的重视。

从专利申请数量来看，中国早在 2011 年就已经超越美国，稳居世界第一已超过 10 年，但专利质量和转化效率都偏低。研究显示，目前美国的专利质量总体上是中国的两倍左右，中美两国之间的知识转移绝大多数都是从美国转移到中国的，2017 年从中国流向美国的知识仅占中美两国知识转移总量的 1.1%。表面上看，中国是专利大国，但在专利申请和研发上水分很高。造成这种专利灌水现象的原因之一在于企业的虚假研发。大量的企业为了获得科技补助把本来不属于补贴范围的技术换了个标签就去申请经费。研究显示，中国税收优惠政策促进了企业研发投入的增长，但其中约1/3（36.8%）的研发投入增长来源于企业将行政费用重新标注为研发费用，也就是把杂七杂八的各种支出打包成研发支出来获取税收减免。[①] 在这种补贴政策造成的激励扭曲之下，中国企业的研发投入和专利数量看上去都很大，但真正下功夫努力促进隐性技术知识积累的企业数量比这些统计数据所显示的要少很多。

在现行的科研管理和评价机制下，论文产出是衡量科研成果的重要标志。根据一些机构的排名，中国论文量质齐升，论文数量和质量近年来已经赶上甚至超过美国，许多与论文相关的指标排名不是世界第一位就是第二位。例如，日本的一项研究显示，2021 年中国的科技领域论文总数达到 40.7 万篇，比美国高出 10 万篇以上。但中国学者每年生产数十万篇科技论文，其中的大多数既不是追求兴趣而进行的真正的基础科研的产物，

[①] 袁冉东.科技人口、隐性技术知识与中国应用技术系统.中国科学院院刊，2023，38（11）。

也不能促进应用技术水平的提高。产量如此之高，一个重要原因在于科研管理和评价机制造成的激励扭曲，使得许多研究生、青年学者和其他研究人员为了毕业、就业和晋升不得不"为了发表而发表"。更有甚者，中国的科研评价体系过分强调论文产出的问题还导致了"论文工厂"现象，某些领域（如医学）已成为重灾区。研究人员为应对评价，不得不追求论文数量，导致了"论文产业链"的出现。这一现象已经严重破坏科研价值导向，影响创新动力，使一些科研人员偏离真正的科技创新价值。代笔、造假论文等学术不端行为严重损害了科研诚信，产生误导性研究方向。大量无价值的论文白白占用了审稿资源，导致真正有价值的研究评审周期延长、科研资源浪费、科研效率低下。

这些扭曲的激励机制使得中国在很短时间内成为"专利大国"和"论文大国"。按照这些数据来衡量，我们应该是世界数一数二的科技强国，但这并不符合现实情况。企业看似做了很多研发努力，申请了不少专利，大学和科研机构的研究人员也产生了很多以论文为形式的研究成果，但能转化为实际应用的比例很低，这实际上是一种巨大的资源浪费。国家投入了那么多的人、财、物，用在企业、大学和科研机构上，但结果就是一些统计数据变好看了和一些大学的国际排名上去了，真正能促进基础科研和应用技术水平提升的努力依然匮乏。因此，要促进中国应用技术系统的健康发展，必须消除体制内存在的激励扭曲。要设计合理的激励机制，鼓励长期主义、创新、学术诚信和高质量发展。只有消除激励扭曲，让企业、大学和科研机构的研发和科研人员愿意静下心来去做真正能促进隐性技术知识积累的工作，中国应用技术水平才能得到充分的提升，逐渐迈向"8到10"的世界先进水平。

确立企业在应用技术转化中的主体地位

较之基础科研，从基础科研到应用技术的转化需要大量的资本，是资本密集型的。从发达经济体的经验来看，应用技术转化的主体是企业。应用技术转化一旦成功就可以获得很大的经济利益，但其中也包含着很大的风险，因此政府很难论证其投入的合法合理性，而且政府也不应该是逐利的。企业是追求利益的，有动力承担风险。在中国，应用技术转化的主体既可以是国有企业，也可以是民营企业，但无论是哪种类型的企业，都必须是市场或者商业化导向的。当然，这里指的是民生经济领域，非军事和战略领域。在军事和战略领域，技术的转化可以让国有企业或者国家指定的民营企业进行。

建设开放的工业实验室体系

二战以来，工业实验室体系是把基础科研转化为应用技术最重要的工具。因为企业是应用技术的主体，所以工业实验室也应当由企业来建设和运行。在这方面，中国已经建立了诸多国家级工业实验室，并且呈现出越来越多的趋势，不仅中央层面，各地方政府也都在追求建设更多的工业实验室。此外，少数大型民营企业（例如华为）也建立了自己的工业实验室。但中央和地方政府设立的工业实验室还存在着诸多短板，包括运行主体过度官僚或者行政化、市场化不足、封闭不开放等。这些短板集中反映为这些实验室缺少竞争性、效率低。政府的投入变成无底洞，而实验室无须过问产出。因此，工业实验室的市场化改革不可或缺，不能光讲投入、不讲产出。

尤其是需要通过开放来有效提高工业实验室的有效使用率。各级政府的工业实验室之间应当互相开放，更应当向民营企业开放。和其他国家一样，中国大量的技术转化由中小型民营企业进行，而它们自身没有能力建设工业实验室。国家实验室向民营企业开放可以有效提高民营企业的技术创新能力。此外，中国也开始强调产学研一体化。要实现这一目标，国家的工业实验室也应当向大学、有兴趣致力于应用技术的科研机构和研究者开放。

进行区域劳动分工

无论是基础科研还是应用技术，区域劳动分工都是必要的。就基础科研来说，大学和科研机构分布是不均衡的，各地没有可能，也没有必要设立属于自己的大学和科研机构。这表明基础科研会集中在某些区域。同样，在应用技术的转化和使用方面，各区域也是不均衡的，因为这涉及其他各种要素，包括足够数量的工程师、产业集群、供应链和产业链布局等。区域不均衡表明在基础科研和技术应用领域要建设全国统一大市场。各级政府不应当有"自给自足"的思想、设置各种障碍，而应该通过市场化改革，促进全国统一大市场的形成。

劳动分工更适用于香港和内地之间。从制造业的角度来看，缺乏将基础科研转为应用技术的企业是香港的短板，因为在内地进行改革开放以后，香港的整个制造业系统已经转移到了珠江三角洲和内地的其他城市，香港呈现出了产业空心化现象，而香港要进行再工业化既没有很大的可能性，也没有必要。相比之下，珠江三角洲的企业拥有的科技转化能力闻名世界，也正是因为拥有这种强大技术转化能力的企业系统，珠江三角洲在20世纪90年代以来，逐渐成为"世界工厂"。也就是说，珠江三角洲在企业领域的优势可以补足香港的短板。同样重要的是，珠江三角洲拥有一大批国家级和省级工业实验室，也具备转化能力，而香港再设置类似的工业实验室既没有可能，也没有必要。

如何构建金融服务系统

在国际层面，金融服务尤其是风投在科技进步方面的重要性前面已经讨论过了。在金融方面，就我国而言，至少需要思考以下一些问题。

金融是基础科研和应用技术最有效的"协调者"

因为资本的目的是获取利益，所以资本对利益具有非常高的敏感性。对资本而言，基础科研向应用技术的转化具有巨大的利益，所以他们知晓什么基础科研可以转化为应用技术。在这方面，美国拥有很大的优势。多年来，美国的大学实行产学研一体化体系，培养了一大批既懂得技术又懂得金融的人才。这批人才活跃在风投界，对美国的基础科研和应用技术都起到了极大的推动作用。正如前面所讨论的，政府、市场和风投是美国等西方国家科技进步的三个主体。

就金融体制而言，缺失风投体系是中国科技进步最大的短板。中国的金融体系是为实体经济和社会经济稳定服务的，无法扮演华尔街金融体系的角色，也很难产生像美国那样的风投体系。不可否认，深圳和广州等一些中心城市的国有资本或者民间机构也在尝试做一些风投，但是从经验层面来看，无论是国有资本从事风投还是民间机构从事风投，往往都是比较短期的，尤其是民间资本的风投规模非常小，远远达不到我们科技发展所需的金融支持。但如果我们借用香港的金融中心优势，就可以获得基础科研和技术应用转化所需要的金融支持。

我们最近也在提倡要建立双金融中心，分别是上海金融中心和粤港澳大湾区金融中心。上海金融中心为实体经济金融提供稳定服务，而粤港澳大湾区金融中心则基于大湾区各个中心城市的"劳动分工"，通过融合发展构建一个可以跟华尔街竞争的金融中心。

国有资本在风投中的角色

如果中国的银行系统很难发挥风投的作用，那么可以考虑让国有资本发挥这一作用。今天，中国从中央到地方省、市、自治区都有国有资本存在，国有资本在进行各种投资活动。最近，一些地方利用国有资本存量成立了产投和科创基金，以满足地方政府的经济发展需求。与其去控制地方国有资本，倒不如鼓励其发挥一些风投作用。而且，较之民营资本，国有资本可以扮演更为广泛和重要的角色，尤其是在提供国有企业和民营企业都可以共享的公共品方面。根据我们的研究，国有资本或者国有资本组成的基金至少可以围绕以下五个方面展开运作。

第一，绘制世界产业技术地图。我们必须精准了解产业尤其是先进产业在世界范围内的分布，了解我国在世界产业地图中的位置，了解各个现存产业从何而来，了解它们的现状并对它们的未来做出预判，从而搞清楚如何实现产业升级。

第二，利用大数据等工具，预测未来产业。产业升级有两种，一种是同一种产业的技术升级，另一种是不同产业的转换。今天，新兴技术不断被发现，一种新技术完全可以替代老技术。因为产业基金不仅要对今天被视为先进的产业投资，更需要知晓未来可能出现的新产业。只有这样，一个城市的产业或者一个国家的产业才会处于领先地位。新技术的出现有两种形式，一种是技术发明，另一种是从基础科研转化。通过大数据等手段，我们不难发现未来的产业。

第三，和大学合作，投资基础科研。二战以来，新技术越来越依赖于基础科研。基础科研工作主要由大学和一些研究机构完成。正如前面所讨论过的，和我们的认知相反，基础科研不是资本密集型的，它需要的是人们追求知识的空间。因此，基础科研一般以大学教授和科研人员为主体。这个群体需要一份体面的工资，维持体面的生活，在此基础上，追求自己的研究兴趣，不时地做出科学知识上的贡献，形成基础科学知识。产业基金可以选择一些大学，和教育系统配合来培养一群致力于追求科学兴趣的研究者，这样更能建成产学研一体的产业系统。

第四，探索中国版风投体系，投资应用技术的转化。从基础科研到应用技术的转化是资本密集型的，需要大量的资本投入。这种投入既可以由政府资本来进行，也可以由民间资本来进行，但无论哪种资本，都需要符合市场规则。更精确地说，新型举国体制也许很难适用于基础科研系统，但是可以适用于应用技术的转化。因为中国目前的金融系统不具备大量投入应用技术转化的条件，所以必须找到替代机构。基金无疑是一种可行的替代系统。

第五，投资新兴产业。现存产业也需要投资，但因为对现存产业进行投资的参与者很多，所以产业基金更应当投资新兴产业。投资新兴产业是有风险的，其他机构包括银行一般会规避这种风险投资。产业基金必须扮演这个角色。因此，即使是政府的产业基金也必须向民间资本开放，吸收、包容和引领民营资本进行产业投入，实现国有资本和社会资本优势互补、风险共担、回报共享。

应当强调的是，国有资本要扮演风投的角色，就需要对国有资本管理部门进行行政体制改革，以克服现存行政体制造成的短板，超越短期利益，做长期投资，投资未来。现在的国有资本风投具有追逐短期利益的性质，不是一般意义上的风投。风投获得回报通常需要很长时间，一般是8~15年，甚至更长。而这样长时期的投资是现行体制所不允许的。

因为国有资本管理者的任期一般是3~5年。很显然，现任国有资本管理者不可能为其下一任进行投资，而且现任管理者也必须对自己的投资负责。要克服这个体制短板，就要进行改革。可以学习新加坡的国有资本管理，赋予国有资本管理部分非政府的编制，例如法定机构，其任期不受一般行政建制的制约，同时也需要确立有效的评估和监管机制。不管怎么说，在中国的制度体系里，国有资本是客观的存在，我们可以对其加以利用，促使其在科技进步方面发挥更大的作用。

政府的协调作用

除了金融和国有资本的作用，政府也必须通过金融改革发挥科技创新作用。中国目前的金融结构困境在于真正需要资本的科创企业拿不到资本，而不需要资本的企业则"被"给资金。金融业基本是以国有银行为主体，主要服务对象是国有企业，尤其是大型国有企业，民营企业特别是中小型民营企业很难获得生存和发展所需的金融服务。各大国有银行虽然也设置了为中小企业服务的机构，但动力不足，甚至没有动力。虽然发展得好的大型民营企业也是国有银行的服务对象，但往往出现这样的情况：一旦国有银行向这些企业提供过于"便宜"的资金，那么这些民营企业就会不自觉地走向政策寻租，导致竞争力弱化，甚至最后倒闭。而一批已批准设立的专门服务于中小企业的中小型银行，牌照的获得及管理层的人选仍属于"官办"，除了政策寻租，其管理体制不顺也导致乱象频发。2008年全球金融危机后，使美国经济复苏的不是华尔街，也不是大型银行，而是社区中小型银行。大型银行仅起到稳定作用，实际起到促进经济复苏作用的是与民生经济真正相关的中小型银行。

要解决这个问题，我们有三条调整路径可以考虑：一是要推动专为中小型民营科创企业服务的民间金融发展，政府可以根据规定来规制民营金融的规模、服务对象和区域；二是设立大量的中小型国有银行，专门服务中小型企业，这些银行的考核标准应当和大型国有银行不同；三是引导实行量化宽松政策后放出的资金进入这些与民生经济、创新创业有关的中小银行。现在，这方面的问题很突出。虽然中央要求银行把资金导向中小型企业，但绝大部分银行还是千方百计地把资金导向国企或者大型民营企业。这是结构错位所致。如果金融结构得不到调整，中国的中小型科创企业贷款问题就无法解决。但是很显然，这个问题是可以通过改革得到解决的。

民间风投的角色

民间风投虽然近年来是得到政府允许和鼓励的，但规模非常小，可以忽略不计。不仅如此，由于民间风投还是新近的现象，不仅经验不足，而且缺失规则、规制和管理体系。而一旦成规模，就容易出现问题。然而需要注意的是，民间风投出现问题并不意味着其不重要；恰恰相反，民间风投必须发挥越来越大的作用是大势所趋。较之国有资本，民间资本有其自身的比较优势。民间风投能够有效吸取民间资本进入科创领域，民间资本对技术转化具有更强的敏感性和更大的灵活性。因为民间资本更容易和外资结合，所以在美国等一些西方国家对中国"卡脖子"和"系统脱钩"的情况下，民间资本可以在吸引外资方面发挥更大的作用。在国际层面，较之国有资本，民间资本更容易国际化。实际上，外资进入中国之后，往往和民间资本合作；同样，民间资本"走出去"之后也容易和当地资本展开合作。在这方面，民间资本已经拥有相当丰富的经验。对于民间资本，我们需要做的：一是允许和大力鼓励其去做风投，并且给予相当的空间；二是对其进行风投加以规范和规制，减少和尽量避免其对社会、经济可能产生的负面作用。

科技规则、规制、标准建设与跨越"中等技术陷阱"

规则是生产力，规则、规制和标准是科技进步的重要推动力。从世界先进国家的经验看，它们无不将科技领域的规则、规制和标准制定权作为抢占科技领域制高点的重要策略。

中国在跨越"中等技术陷阱"的过程中，必须把科技领域的规则、规制和标准置于核心位置。

一般而言，可以将科技领域的规则分解为行为方面的规则和技术层面的规则。其中，行为方面的规则主要指在科技活动开展过程中的规则，包括遵守科研诚信原则、遵循科研伦理、保护知识产权、承担社会责任等，这些主要通过规制来进行调节。技术层面的规则涉及研究、技术和行业领域的规则，也包括由政府、行业协会和标准化组织等制定的相关规则，主要以各类标准为载体，其中不少工作也离不开规制。

在世界科技竞争中，技术标准往往是各国博弈的重点。对一个国家而言，当一项技术成为标准后，往往意味着其拥有了技术主导权，甚至可以对他国形成技术壁垒，进而形成技术霸权。不少发达经济体通过主导国际标准形成先发优势，并在后续竞争中不断放大这种优势，从而进一步积累和巩固技术优势及贸易优势。近年来，世界各工业强国一方面纷纷制订制造业战略计划，另一方面高度关注技术标准的制定和扩散，制造业升级和标准制定构成了各国工业战略的一体两面。

德国"工业 4.0"计划最为典型。这一计划聚焦八个方面的工作，包括标准化和参考架构、复杂系统的管理、综合的工业宽带基础设施、安全和保障、工作的组织和设计、培训和持续的职业发展、监管框架、资源利用效率。其中，标准化被认为最具战略意义。德国拥有全球最完善的标准化组织，德国标准化学会（DIN）、德国电工电子与信息技术标准化委员会（DKE）、德国电气和电子制造商协会（ZVEI）、德国机械设备制造业联合会（VDMA）、德国工程师协会（VDI）、德国电气工程师协会（VDE）是德国"工业 4.0"标准化的重要参与者。

美国的《先进制造业伙伴计划》（AMP）提出通过支持创新研发基础设施、建立国家制造创新网络、政企合作制定技术标准等多种方式，为制造业注入强大的政府驱动力。2014 年，通用电气联合 AT&T（美国电话电报公司）、思科、IBM 和英特尔等美国企业成立的工业互联网联盟（IIC）是美国面向未来发展最重要的技术进行标准制定和推广的组织。

日本在"新增长战略"中明确了推进知识产权标准化战略，构建以"知识产权立国"的新思路，加强防止商业秘密泄露，健全"岗位发明制度"等。不过，日本的技术标准战略相对保守和封闭，强调保护，并不符合全球化的发展格局和信息技术的特征。在智能手机行业，日本就因为采用封闭的技术标准而失去了品牌竞争力。

韩国"制造业革新 3.0 战略"推出了大力推广智能制造、提升重点领域的产业核心力、夯实制造业创新基础三大方向，提出在智能制造、新材料和核心元器件领域加强技术标准的制定，相关机构和企业合力打造产业革新 3.0 标准体系，并促进其在中小企业的普及和推广。

尤其需要强调的是，在世界科技领域，中美竞争日趋白热化。近年来，围绕技术标准问题，美国不断提高对中国的警惕。成立于 2001 年的美中经济与安全审查委员会，在过去很长一段时间内并没有认为中国在技术标准领域对美国构成竞争，但该委员会在 2020 年发布的年度报告中指出，中国正在将标准作为政治工具，试图利用技术标准破坏美国的技术领导地位。此后，美国从官方部门到民间智库，都开展了大量关于中国标准化活动的研究。这些研究普遍认为：中国在国际标准制定机构（SDO）担任重要职位，可能削弱美国的领导地位和规则制定权；中国在 5G/6G、人工智能、量子信息、物联网、数字技术等新兴领域制定技术标准，掌握技术话语权，创建新技术格局，致使美国失去新兴领域的技术优势；中国借助在国际标准方面的影响力，偏袒中国公司，对美国公司建立技术壁垒，造成美国经济利益受损。

在这样的情况下，中国要想突破"中等技术陷阱"，必须对科技领域的规则、规制和标准予以足够重视。二十大报告中明确提出，要加快构建以国内大循环为主体、国内国际双循环相互促进的新发展格局。这一"双循环"战略同样适用于科技领域。目前，无论是内循环还是外循环，中国科技领域的规则都存在很大的短板。内循环方面，中国市场虽然很大，但国内科技规则不统一，大而不强，没有形成内循环的足够动力。如果不能建立统一规则之上的国家统一市场，那有效的内部大循环就很难实现。从经验层面看，我国不同区域之间在科技方面都各有强项，但因为缺失统一的规则，还没有形成很好的合力。外循环方面，中美贸易战和地缘政治剧变等因素已经对中国和西方世界的关联产生极其负面的影响，并且有可能造成中国和西方世界脱钩。

中国要想从规则上争取话语权，就必须实现科技领域规则、规制和标准的"双循环"。对内，要加强内部规则的统一，形成科技领域的统一大市场。各地政府、科研组织、行业协会和企业，以及科研工作者要通力合作与协调，不断加强科技领域的治理和规范，推动科技领域的健康可持续发展和进步。对外，一方面要积极利用国际规则，大力吸引国际产业、资本和高科技人才，提升我国科研实力；另一方面要积极参与国际规则的制定，让中国规则走出去，增强在国际规则中的话语权和影响力。

对内：建设科技领域的全国统一大市场

一个国家在国际舞台上的崛起是其内部制度崛起的外部延伸。中国科技领域规则、规制和标准"走出去"的前提就是建设科技领域的国内统一大市场。同样，中国科技进步的内在动力在于科技领域统一大市场的建设，而统一大市场的基础便是统一的规则、规制和标准。

科技领域的全国统一大市场，是指在全国范围内建立一个开放、互通、协作、共享的科技创新和应用平台，通过加强各城市、区域之间的科技交流与合作，促进科技创新和应用的发展。这种统一大市场，不仅可以在不同地域之间形成，在不同的科研和应用系统之间也可以形成。建设科技统一大市场的目的是形成科研"合力"，通过充分挖掘不同区域、不同主体、不同系统之间的优势，促成协同潜力，进而不断完善产业链和供应链，更好地参与国际竞争。科技领域的统一大市场必然存在一定的竞争，但并非一定是恶性竞争，不完全是零和博弈。比较理想的状态是通过研发新技术或者开发新产品的"科研性质"的竞争，实现科技成果的共享和优化利用，进而推动整个国家的科技进步。

科技领域形成统一大市场具有几个方面的积极意义。

第一，优化科技资源配置。因为科技创新需要投入大量人、财、物，而这些投入往往是有限的。优化资源配置可以提高资源利用效率，提升科技创新的质量。我国地域辽阔，不同省、市、自治区之间存在的资源禀赋不同，不同机构部门之间也存在一定的竞争，相互之间很难自动达成合理的资源配置。如果能够形成科技统一大市场，则有利于打破地域限制，将各类科技创新和应用资源更好地进行整合、分配，更好地实现科技资源的优化配置和利用，避免重复建设，减少"一窝蜂"现象，降低各类科技资源的低水平使用甚至浪费。

第二，促进科技创新交流与合作。科技统一大市场可以促进科技领域的开放，打破行政边界和地域阻隔，让更多的人参与科技创新，促进不同地区和机构之间的业务联系和交流往来。在统一大市场中，各地科技机构可以更好地进行技术交流，推动科技创新成果共享；企业之间可以更顺畅地进行技术转移和合作，不断加快科技创新进程。同时，由于科技竞争的普遍存在，不同地区可以根据自己的资源禀赋，择取或激发更多的特色创新和发展动力，通过差异化发展共同推动科技领域的新突破。

第三，加快科技应用，促进产业升级和转型。统一大市场可以为科技产品的生产、销售和应用提供更为广泛的市场空间和更为便捷的流通途径，促进科技产品的快速推广和应用。对企业而言，由于统一大市场的规模更大，可以更好地利用规模经济降低生产成本，更容易获取各类资源和市场机会，不断提高创新的规模和效率。同时，统一大市场也有利于促进产业集群的形成，提高产业链的整合水平，增强产业整体竞争力。

从经验层面看，我国科技领域亟待形成统一大市场。科技领域的人力和物力作为优质的生产资料，会自然而然地向经济较为发达的地区进行流动和聚集。目前，我国基本形成以京津冀、长江三角洲、粤港澳大湾区和成渝经济圈等为代表的大规模创新集群，综合科技实力位于国际中上水平。不同区域间的多元化发展固然有利于提升我国总体科技实力，但其中的一些问题也值得深思，比如，如何形成科技创新的合力？如何打破科技资源的封闭？如何实现区域、城乡间的平衡？如何发挥好市场机制的作用？

要解决这些重大问题，我们可以参照欧盟的经验。欧盟各成员国通过加强相互之间的科技合作，在科技上实现了更高程度的一体化，促成了国与国之间的科技统一大市场。相比建立科技领域的统一大市场之前，各国之间的协作和联合科研攻关明显增强，科技人员和学术思想的交流更为顺畅，高新技术转移的速度有所提高，各种发明创新从实验室到生产的时间大为缩短。此外，欧盟在建设统一大市场过程中也对技术标准和商品标准等进行了统一，逐渐形成更高程度的技术标准一体化，由此促进了产品和服务的自由流通，从而服务各国经济和贸易发展。欧盟不同国家之间都能通过统一的规则、规制和标准，形成区域化的统一大市场，我们更没有理由放弃建设统一大市场。

具体地说，促进科技领域统一大市场形成，我们可以有以下政策考量。

第一，逐步推动从区域大市场转向统一大市场。要优先推进区域协作，鼓励京津冀、长江三角洲、粤港澳大湾区等区域优先开展区域市场一体化建设。不要幻想短时间内能从一个分割的市场形成全国统一市场。欧洲统一市场的建立也是经历了一个漫长的阶段。可以先从建立几个大的区域性统一市场做起，像粤港澳大湾区、长江三角洲、京津冀等区域都有潜力发展为区域性的统一市场。但这些区域市场在建立规则的过程中不要各搞一套，它们是开放型区域市场，不是封闭型区域市场。这些区域市场必须是开放的，规则必须由中央来统筹，区域只是作为执行的抓手，建立区域市场不是建立互相分割的独立市场。建立区域大市场的最终目标是将其整合为一个全国统一的市场。

第二，深化行政体制改革。科技领域统一大市场的实现需要各地政府和科技机构进行合作和协调，建立有效的科技交流机制和科技协同平台，发挥各自优势。目前，我国已形成京津冀、长江三角洲和粤港澳大湾区等多个科技创新高地，这些科技创新高地相互之间既存在激烈的竞争，也存在很大的互补空间。比如，在医学领域，上海的综合研发实力更强，广州具备更丰富的临床资源，如果二者形成合力，则有利于促进国家整体医学实力的提升。同时，在同一区域的内部，也存在不同的资源互补潜力。比如在粤港澳大湾区，"粤科研＋港资金＋澳服务"也可以形成巨大合力。

区域间形成合力首先就对行政体系及其管理提出了变革要求，所以要改革行政体制。我国已进行了几次行政改革，但这么多年来，并没有把重点放在教育和科研体制的改革上，而是放在财政投入上。可是简单的投入不仅不能促成体制的改善，反而会导致体制的衰败。在科技领域，就基础科研来说，我国的大学和科研机构分布是不均衡的，基础科研会集中在某些区域，各地没有可能也没有必要全都设立属于自己的大学和科研机构。同样，在应用技术的转化和使用方面各区域也是不均衡的，因为这涉及其他各种要素，包括足够数量的工程师、产业集群、供应链和产业链布局等。区域不均衡表明在基础科研和技术应用领域要建设全国统一大市场。各级政府不应当有"自给自足"的思想，设置各种障碍，而是应该通过市场化改革，促进全国统一大市场的形成。

第三，处理好政府和市场的关系。政府要做三件事情：一是减少行政层次，二是减少行政规模，三是转变行政职能。只有企业作为市场的主体，才能形成全国统一市场。但这并不是说不要行政了，而是要转变行政职能，政府要通过法治来规制和监管市场，为市场提供服务。市场有好坏之分，政府要通过规制和监管为好市场塑造制度环境。政府要集中精力稳定宏观经济，减少对经济和市场的干预。就产业政策而言，虽然中国的产业政策总体是较为成功的，也取得了很多成绩，但"骗补"等现象一直层出不穷，因此，为营造平等竞争的市场环境，应慎重出台各类产业政策，尤其是鼓励性的补贴政策。

政府要增强政策的稳定性，为科技发展营造良好的政策环境，避免出现"朝令夕改"的现象。尤其是地方政府出台的各类政策，要具有延续性。国内一个常见的现象是，一些地方政府在引进外地科技企业或者科研院所时，做出了很多承诺，但项目落地后，又因为领导换届或者政策变动，而不能履行此前的承诺。

第四，要处理好国企与民企之间的关系。改革开放以后，我们的企业有很强的技术转化能力，但我国的工业实验室大部分是国有的，应当考虑如何让国家工业实验室与民营企业实现"国民"融合。这需要企业制度的改革，企业之间要开放。现在，国有企业之间不开放，民营企业之间不开放，国有企业跟民营企业之间也不开放，并且还进行恶性竞争。有些国有企业小到一个灯泡都要自己生产，很少向其他企业采购，而美国的企业可能有几百家甚至上千家供应商。

第五，健全法律法规体系。这就需要一定的规制。不规制或者没有有效规制会造成"劣币驱逐良币"的局面，科技领域也是如此。从世界各国的发展经验看，完善的法律法规体系可以更好地规范市场秩序和竞争环境，为科技的健康发展提供保障基础，也有利于塑造良好的营商环境。比如在竞争领域，一些国家为了促进市场开放，同时也为了保护市场竞争和公平交易，制定并完善了相应的竞争政策和法律，诸如反垄断法、反不正当竞争法等，以防止市场垄断和不正当竞争行为，保护市场的公平竞争环境。再比如，在知识产权领域，各国政府为了保护创新者的知识产权而制定了各类法律法规和政策，涵盖专利、商标、版权、域名等各个方面，以防止侵权行为，维护创新和知识产出方的利益。

我们的调研显示，我国在知识产权保护方面还存在很多不足，知识产权纠纷和官司持续不断。为了建设更为健康的统一大市场，应加强对知识产权的保护。例如，健全知识产权法律法规，提高对知识产权的保护力度和侵权行为的惩罚力度，加大对知识产权违法行为的打击力度，更好地维护知识产权所有者的合法权益；企业可以建立知识产权管理体系，完善知识产权保护制度，加强对知识产权的保护、管理、运用和维护，提高知识产权的运用效率和保护水平；通过宣传教育等方式，提高公众对知识产权保护的重视，增强公众对知识产权保护的自觉性和主动性；加强保护知识产权的技术手段，如数字版权技术、数字水印技术、加密技术等。

对外：推动中国科技领域规则、规制和标准"接轨"和"走出去"

过去，我国由于科技发展较为落后，科技领域的规则、规制和标准主要遵从国外，很多应用技术和产品等领域的标准都由国外制定。但随着我国整体科技实力的提升，我们在不少细分行业领域也能够改进和超越现有标准，甚至引领国际标准。因此，中国应在继续积极参与世界科技规则、规制和标准制定的基础上，推动中国规则、规制和标准"走出去"。

在规则、规制和标准"走出去"方面，我们也面临严峻的挑战。从西方国家科技发展的底层逻辑看，中国依然是世界主流玩家中的"外来者"，而且在政治制度、意识形态上与西方国家不同。中国在实施"走出去"战略时，需要理解规则、规制和标准的形成过程，并且在这些方面借鉴发达国家的经验。

科技领域的规则、规制和标准并非凭空出现。从制定主体看，一般包括政府机构、行业协会、专业组织和企业等。国际上比较著名的专业化组织，如国际标准化组织（ISO）、国际电工委员会（IEC）、国际电信联盟（ITU）和电气与电子工程师协会（IEEE）等，都是全球范围内制定科技领域标准和规则的重要机构，它们制定的标准和规则通常具有较高的权威性，也被广泛应用于各个国家和地区。

科技领域规则、规制和标准从来源上看，主要有三种基本路径，分别是独立创造、加入标准联盟和被迫接受。这三种路径选择也常常对应于不同性质的行业。由于发展时间长，传统行业基本上已在全球形成统一的标准或几大标准板块。虽然有些标准并非最优选择，但要改变标准体系需要花费极大的成本。因此，一般做法是引进国际成熟标准，实现自身标准与国际标准的接轨。优势行业则要积极参与国际标准的制定活动，提高产品竞争力。我国经过几十年的积累，在家用电器、电子信息、乘用车、造船、高铁等多个领域已达到世界先进水平，应依靠这些优势参与国际标准的制定过程。新兴行业要有选择地加快自主技术标准制定和申请工作，培养下一代竞争力。参照发达国家规则、规制和标准制定的经验，中国自主规则、规制和标准"走出去"的策略至少包括以下几个方面。

第一，积极参与国际标准组织的工作，提升中国标准化工作的国际影响力。我们要增强中国自主科技规则和技术标准在国际标准制定过程中的参与权和发言权，在标准制定过程中表达中国的技术观点和利益，加强与其他国家和地区的技术标准机构、相关产业组织的合作与交流，推动中国自主技术标准获得国际标准组织的认可。

第二，推进高质量科技成果转化为自主技术标准，拓展各类标准的国际应用场景。近年来，我国科技创新能力显著提升，在人工智能、大数据、量子信息等领域进入世界前列，可优先考虑加强关键技术领域标准研究，建立重大科技项目与标准化工作联动机制，健全科技成果转化为标准的机制；研究建立一套识别、评价技术标准化必要性、可行性与有效性的方法体系；强化企业创新主体地位，支持企业在关键核心技术攻关中发挥作用；积极推动中国自主技术标准在国际市场上的应用，通过与国外企业和机构合作，逐步建立和拓展中国自主技术标准在国际市场的认可度和影响力；不断提升我国在新兴国家和地区的影响力，加快推进交通设施、数字电视、家用电器等民生领域的中国标准在"一带一路"沿线国家的落地推广与应用。

第三，增强与国外企业及其技术的标准对接，通过"引进来"推进"走出去"。对此，可重点从三方面进行相关工作。首先，前端布局标准化。在国家层面设置统一、覆盖相对广泛的机构跟踪、扫描国际科技前沿，并把相关成果发布出来，提供给市场中的企业。同时，每个企业也可以建立专业机构来跟踪前沿科技成果。其次，产业对接标准化。在对外招商引资政策中广泛宣传中国的技术和企业对接能力，对中国的科技制造企业水平和实力做标准化评估，公开企业水平、实力、信用等级等数据，以此让外国企业明确知道在中国应该找哪些支持企业，通过什么渠道找，以及落户后会得到哪些好处，从而更快地实现对接。最后，产融资本标准化。对此，一方面要大力吸引制造企业参与，帮助科技企业建厂，制造企业用建厂能力作为投资，待科技企业实现量产以后收购工厂；另一方面要大力吸引资本参与，使不管是将要建厂的制造企业，还是需要生产能力的科技企业，都能得到金融资本的支特。要让制造企业拿资金去建厂，科技企业拿资金去做研发，并帮助企业顺利落户。

第四，要注意政府与企业的不同分工。一般而言，政府的作用是监督和引导，企业才是技术规则与标准制定的主导力量。我国在科技创新领域不同于西方国家的一个重要特点就是政府常常扮演"主动设计"的角色，这在特殊的历史时期曾经取得过诸多成就，比如计划经济时期的"两弹一星"等。但在市场经济条件下，市场对科技资源和要素流动发挥决定性作用，科技领域规则和标准制定的主导权应交给企业。

第五，在对外叙事上，不要过于强调中国自主。我们的技术标准虽然是自主的，但也属于国际标准的一部分，不应将我国和世界其他国家对立，以免引起国际争议甚至他国敌意。

科技和创新政策的"双轨制"

基础科研、应用技术转化和金融服务"三位一体"的创新体系及其规则、规制和标准的制定对于跨越"中等技术陷阱"具有普遍意义，我们必须重视，而且我们在各个方面也在努力赶上。此外，中国还必须根据自己的制度安排特征来考量如何跨越"中等技术陷阱"。

就科技发展而言，中国制度安排的特殊性在于：基础科研和应用技术转化普遍脱节，并且基础科研的主体是国有大学和研究机构，而应用技术转化的主体主要是民营企业。根据这一特殊的制度环境，我们的政策建议聚焦讨论两个主要方面：第一，科技和创新政策的"双轨制"；第二，构建开放的企业系统。这里先讨论"双轨制"。

从历史角度看，世界科学中心经历了从意大利到英国、法国、德国，再到美国的转移。这一转移过程背后往往存在两个底层逻辑：第一个是"科学理论—科学实验—科学理论"的循环加速机制，第二个是"技术—科学理论和实践—技术"的循环加速机制。从经验层面看，第一个底层逻辑中短期内在中国不具备实现条件，而第二个底层逻辑在中国已经形成，且主要依赖民营企业在技术创新上的决定性作用。因此，我们可以建立一个"双轨制"的科研体系：一方面，建立面向民营部门的科技和创新政策"新轨"，以在中短期维持和加强技术创新循环加速机制（第二个底层逻辑）；另一方面，逐步改革面向高校和科研机构的科技和创新政策"老轨"，逐步推进"体制外"高校和科研机构、研究经费资助方（各个领域的基金会），以及出版社和学术期刊的发展，倒逼"体制内"相关机构的体制改革，以在中长期创建基础研究和原始创新循环加速机制（第一个底层逻辑），推动中国发展成为下一个世界科学中心。

第一，"科学理论—科学实验—科学理论"的循环加速机制。要形成这一良性循环机制至少需要以下三个基本要素。首先，需要一个自由和开放的科研环境。其次，需要一群有科学精神的科学家，以及众多世界一流的高校和科研机构。最后，需要一个科学的且有利于创新的科研体制，其中最关键的是科研人员考评体系和科研经费管理模式。

正如前面所分析的，客观地说，目前中国尚未真正具有这三个关键要素，而且在中短期内也不具备形成的条件。究其原因，关键在于中国现有科研体系的行政属性，这一点涉及高校和科研机构、科研经费资助机构（国家自然科学基金委员会、科技部、教育部等）、出版社和学术期刊等。这种行政属性的本质是政府主导，很难产生从 0 到 1 的基础研究突破，更多的是实现从 1 到 10 的应用技术创新。

第二，"技术—科学理论和实践—技术"的循环加速机制。第一个底层逻辑是科学的逻辑，而第二个底层逻辑则是市场的逻辑，更准确地说，是资本的逻辑。要形成这一循环加速机制至少需要具备以下三个基本要素。首先，需要一个稳定、先进且具有较高成长性的市场。其次，需要能够及时响应且满足这些市场需求的产品供应者，即企业。最后，企业、政府和社会需要给予技术创新活动足够的可持续的资金和人才投入。

从经验层面看，"技术—科学理论和实践—技术"的循环加速机制在中国早已形成，而且是中国在如此短的时间内实现技术追赶并创造经济奇迹的主要原因。但是，我们需要充分意识到，在百年未有之大变局下，维系高成长性的国内外市场、进取的民营企业和持续增加的研发经费与人员投入这三大要素的社会经济环境已经发生了根本性逆转，过去的制度和政策已经无法应对这些挑战。

根据扬长避短的原则，我们建议实行科技和创新政策的"双轨制"。

建立面向民营部门的科技和创新政策"新轨"

现实的情形是，在越发不友好的国际市场和资本环境下，央企和国企在国际场域的生存空间将被进一步挤压。因此，要在中短期维持"技术—科学理论和实践—技术"循环加速机制，延续中国在应用技术研究和创新上的既有优势，关键在于民营企业，而非央企和国企。中国很多领域的民企发展前景广阔，特别是像新能源汽车这样的战略新兴产业，西方的资本，特别是华尔街，大多不愿意错过中国民企的发展机遇。只要我们保持开放，华尔街的资本不想也不会跟我国民营经济脱钩。再者，面对以数字化和绿色化为代表的新一轮科技革命，各种技术路线在同一时间爆发式地不断涌现，只有民企才能够引领中国继续进行技术追赶，从而使我们不在新一轮的科技和产业革命中掉队。

政府的角色在于通过制度和政策设计让民企敢于创新。必须承认，由于近年来政府对互联网、教育培训和房地产等民营企业主导的行业进行大规模整顿，民营企业对市场的信心逐渐降低，一些民企将工厂外移到东南亚等国家，另外一些民企则开始"躺平"，不敢进一步追加投资。因此，政府首先要解决民企信心的问题，即要回答"为什么"的问题："民企为什么要创新？"虽然2023年4月发布的《关于强化企业科技创新主体地位的意见》明确了企业在科技创新中的主体地位，但文件并没有区分民企和国企应该分别扮演的角色，民企在当下的中国科技体制和政策中的弱势地位依旧没有改变。因此，建议尽快出台一个顶层设计纲领，明确民企在科技创新中的主体地位。

其次，政府要回答"做什么"的问题，即"民企在什么地方创新"。一直以来，民企的生存空间基本上都是央企和地方国企没有进入的领域，例如光伏产业、动力电池产业、电动汽车产业等。今天，随着各地方政府争相成立规模动辄上千亿元的产业基金，地方政府从"管产业"到"管资本"的变化实际上使得民企的生存空间被进一步挤压。因此，建议经济发达地区的地方政府应该率先明确国企不能进入的领域（特别是市场化程度较高的产业），并明确国有资本投资民企的一些约束条件，例如参股比例、占董事会成员总人数的比例等，通过制度设计尽可能避免国有资本对民企独立运营的影响。

最后，政府要回答"怎样做"的问题，即"民营企业怎么创新"。一直以来，中国民企获得的政府提供的直接研发投入和研发人员支持是非常有限的。这主要有两个方面的原因：一方面是现有的科研和创新政策体系主要是为国有部门服务的；另一方面，我们调研发现，民企申请和承接国家研究项目的积极性并不高。因此，建议有关部门成立一个面向民企的技术创新基金，以不同领域的行业协会为顾问单位，针对不同行业的技术创新需求为民企开展创新活动提供研究经费支持。另外，应该向民企开放不涉密的国家重点实验室、高校和科研机构的仪器设备等资源，降低民企，特别是中小型民企开展创新活动的成本和风险。

改革面向高校和科研机构的科技和创新政策"老轨"

在中短期维持"技术—科学理论和实践—技术"循环加速机制的运作，关键在于民企，而在中长期突破性地形成"科学理论—科学实验—科学理论"循环加速机制，关键在于高校和科研机构。虽然关于科研体制改革的讨论和尝试已经持续了数十年，但还是没有办法从根本上改变科研体制的行政属性。数十年的改革尝试更多的是渐进式的改良，无法推进真正意义上的改革。这说明现有科研体制涉及的不仅仅是部分既得利益者的利益，而且是整个科研系统的利益，难以撼动。因此，建议以中长期作为改革尺度，在维持和加强现有科研体制改革政策的同时，通过逐步推进"体制外"高校和科研机构、研究经费资助方（各个领域的基金会），以及出版社和学术期刊的发展，倒逼"体制内"相关机构的体制改革，以美国的科研体系为参考，最后形成以"体制外"科研体系为主体、"体制内"科研体系为支撑的全新的科研体系。现阶段，可以开始推进以下两个方面的政策。

首先，需要明确识别出与国家安全相关的科学和技术领域，对不涉及或较少涉及国家安全的领域给予充分的自由空间，尽可能营造一个开放和自由的科研环境，避免科学领域的泛安全和政治化。这一举措应该特别在"体制内"的科研体系展开，形成相对自由的学术环境，加速行政主导体系下的多元性，为后续科研体制的深度改革提供土壤。

其次，逐步放开"体制外"高校的申请，增加中外合作办学机构，通过这些机构与西方科研体系进行衔接，在中国形成区别于既有科研体系的另外一个系统，一个更国际化且有利于原始创新的系统。而要实现这一目标，关键在于以下两点：第一，逐步开放"体制外"科研基金的设立，鼓励境内外的财团在中国设立针对不同领域的科研基金（例如国外的一些基金会等），为"体制外"的科研人员提供相对宽松的科研经费支持；第二，逐步开放"体制外"高校和科研机构在中国设立新的学术期刊的权限，以更全面地形成一个"体制外"的科研体系。

构建开放的企业系统

企业是一个国家经济活动的主体，企业将基础科研转化为应用技术，从而实现国家产业的技术升级。必须意识到，企业的不开放已经成为中国公司制度方面最大的短板。在西方，自 20 世纪 80 年代以来，企业的供应链就变得越来越长，也变得越来越开放。这就是西方企业越来越国际化、越来越具有竞争力的主要制度要素。以美国的企业为例，一个企业只专注于或控制关键的、附加值高的部分，而把其他部分交给市场（即其他企业）去生产，或者把设计留给自己，生产交给其他企业。这使得一个产品内部的各个零部件之间都存在着一种"竞争"关系，一个零部件的技术改进了，另一个零部件的技术也必须跟上。更为重要的是，美国的企业把供应链延伸到世界各地，充分利用世界各地的生产要素。中国的情况刚好相反，企业之间互相封闭，类似一个个不同的土豆，彼此之间毫无关系。无论是国有企业还是民营企业，一个产品的各个零部件都由自己来生产，即使有供应链，供应链的长度也微不足道。因此，中国的企业最为看重的是市场份额，以市场份额来保障利润，而这样做一旦市场饱和，利润就成为问题。更为重要的是，封闭的企业缺乏竞争动力。虽然这样的企业内部存在劳动分工，但这种内部的劳动分工很难和美国企业的外部劳动分工相提并论。就国际化而言，一个什么都要自己生产的企业很难国际化，因为企业销售的都是整产品，一旦进口国家对这一产品的进口设置障碍，那么该企业就走不出去。

比较而言，美国的企业因为互相开放，所以可以做得又大又强，而中国的企业虽然加起来体量很大，但互不连通，导致大而不强。美国企业之间的互相开放使得其在技术标准、规则、规制制定方面占据绝对主导地位，而中国的企业过于分散，没有足够的能力在技术标准、规则、规制制定方面起领导作用，因此一直处于跟随者的地位。

美国企业之间开放并非因为其天生就乐于开放。美国的企业和中国的企业一样，如果有可能，都会追求垄断。在这方面，美国政府起到了很关键的作用。美国政府通过反垄断法等手段迫使企业开放。微软的案子就是反垄断的一个典型例子。本来政府要分解微软，但分解手段不适用于互联网企业，因此最终以微软的开放替代了被分解。而中国各级政府往往实行地方保护主义，其对企业所实施的各种行政举措更强化了企业的封闭性质。

在中国，不管是国企还是民企，企业间的相对封闭关系主要由以下几个原因导致。第一，中国的行政体制是造成企业之间相对封闭的制度因素。地方政府之间存在的行政阻隔和行政边界，带来了地方企业之间的边界，这些边界又导致了封闭性，而开放则是没有边界的。此外，地区之间财政的独立性也使得地方政府出于地区经济发展的考虑，不鼓励甚至阻止跨地区企业的互联互通，这也在无形中加剧了企业之间的封闭性。第二，中央企业及各级国有企业与地方政府之间的制度安排类似于放大版的家庭自留地制度，这使得国有企业缺乏创新和开放合作的内生动力。国有企业的特殊性质使其在地方经济发展中往往肩负着超前投资及承担部分政府职能等使命，国企上缴的利润和税收是地方政府财政收入的重要组成部分。然而，国企的收入又来自银行为其提供的资金投资。因此，国家与市场之间的交易有限，盈亏都是国家的钱，这使得国有企业缺乏与其他企业进行开放合作沟通、共同促进创新与技术升级的内生动力。第三，国有企业管理者任期的限制导致国企的投资目标短期化。国企管理者的有限任期使得管理者往往倾向于投资能够在短期得到回报的领域并实现市场扩张，而非促成长期技术提升的技术创新或者技术竞争。

因此，必须以构建开放的企业体系为目标对企业制度进行改革。这方面，建议政府和企业共同发挥作用，从而实现三个层面的开放，即企业之间的开放、国内区域之间的开放和面向国际市场的开放。

第一，企业之间的开放。实现第一个层面，即不同类型企业之间的开放，要求企业在布局产业链、供应链时避免"泛安全化"，避免出于供应安全考虑打造内部封闭的全产业链结构。因为通过恶性竞争，即价格优势获得的市场份额无法实现核心技术的升级，只能使得企业"大而不强"。实现技术升级的关键是提高企业产品的附加值，而提高产品附加值就要求企业开放，将战略重心放在微笑曲线的两端。因此，企业应打造开放的供应链系统。要做到这一点，自主把握核心技术研发是必要的，但是对于非核心技术的部分，应当考虑开放，延伸供应链、产业链至国内中小型企业乃至全球范围。大型企业应聚焦产业前沿核心技术的研发，将低附加值产品从内部剥离，让渡空间给在这些环节具有比较优势的中小型企业，实现不同类型企业之间的开放。之所以这样有两方面的原因：一方面，对产业前沿企业来说，低附加值技术对产业中下游的企业来说可能是前沿技术，让渡空间给中小型企业可以给予它们创新激励，同业企业之间的竞争也有利于倒逼中小型企业为了保持竞争力"被选择"而更加注重产品的创新技术升级；另一方面，供应链向中小型企业延伸会促进更精细的劳动分工，实现专业化生产，也可以确保全产业链、全供应链环节的研发制造都在竞争的市场环境中推动技术进步。

政府可以通过立法层面的介入促成不同类型企业之间的互相开放。通过包含反垄断在内的公共政策干预实现企业之间的竞争"疏通"，克服反竞争阻力，造福于消费者和促进创新在美国政府处理与企业关系时非常常

见。可以说，美国企业之间的互相开放离不开政府通过
"反垄断"政策和立法进行干预。如微软和 Java 之间的
反垄断案，政府的反垄断干预迫使微软开放面对 Java
作为新兴技术带来的压力，与其他操作系统公平竞争。
毫无疑问，竞争和创新是齐头并进的，行业巨头通过垄
断"阻止竞争"，是企业出于利益考虑的自然行为。但
是封闭和行业垄断会导致行业的创新能力大大下降，难
以实现技术进步。因此，仅仅依靠"逐利"让企业自身
实现开放并不现实，政府应在出台相关政策、立法干预
要求企业互相开放上发挥作用。

　　第二，国内区域之间的互相开放。构建开放的企业
系统，还需实现第二个层面，即国内各区域之间的开放。
以东西部地区为例，中国东部地区有发达的民营经济，
有技术、资本和管理优势，但面临着劳动力成本、土地
成本急剧上涨的问题，而西部地区拥有土地和自然资源
丰富、劳动力成本低的优势。东部地区今天面临着如何
通过高端产业替代低端产业实现地区产业结构升级的问

题，需要为产业升级腾出市场空间，而西部地区也希望实现低端产业结构调整优化。在此背景下，将东部地区失去竞争优势的部分劳动密集型制造业相关供应链、产业链延伸至西部地区值得考虑。东西部各自的比较优势，既可以带动西部经济发展，有效减缓部分制造业外移的风险，又可以实现东西部地区的专业化劳动分工，使得东部资本集中发展高附加值产业的核心技术研发制造，西部地区通过打造区域产业链集中进行大规模专业化制造，共同推进产业技术升级。

然而，现行存在行政阻隔、财政阻隔的行政体制给企业产业链、供应链的延伸制造了很大的阻碍。地方政府之间恶性竞争现象严重，即使是同一市级下属的不同区之间恶性抢夺 GDP 的事件也屡见不鲜。由于存在经济指标压力，从地方经济数据的角度出发，不管是对国有企业还是对民营企业，地方政府都缺乏动力鼓励其延伸产业链、供应链至市外、省外，而是尽可能将企业留在市内、省内。这给建立更精细化的产业链、供应链劳动分工以实现产业技术升级带来不利影响。

因此，政府应通过积极推动市级统筹、省级统筹和国家统筹，打破现存的行政阻隔，促进国内区域之间企业进行劳动分工，助力东部企业逐步延长其产业链、供应链至西部地区。首先，各市级、省级政府应推动市级、省级统筹建立区域共同市场。地方政府应综合考量辖区范围内不同区（县）、市的产业优势及资源优势，依据各区域的特征制定发展方向，避免多区域发展相同核心产业的恶性竞争。以粤港澳大湾区内的九个城市为例，广州已经在着力打造生物医药产业集群，同在大湾区的深圳也在建设生物医药创新产业园，两大城市的重点产业发展相似，不可避免地导致了大湾区内的恶性竞争，地方政府竞相用大力度的政策吸引同一批企业、资本进驻，造成不必要的资源浪费。为避免类似的地方低效资源利用，省级政府应当积极统筹各个市级政府，推动打造粤港澳大湾区的区域共同市场，依据各个城市的现有产业模式及各自优势制定多样化的战略发展方向。

如在生物医药产业层面，广州可以着重发展生物医药新基建、药物研发，深圳则可以抓住自身的制造优势，关注高端医疗器械、设备制造环节，通过省级统筹，实现广、深之间的劳动分工，提高资源利用率。其次，应在统筹打造省级区域共同市场的基础上推动建设全国统一市场。因为不管是长江三角洲一体化的实现还是东西部地区通过产业链、供应链延伸实现劳动分工，都需要在省统筹的基础上实现国家统筹。以大型央企、国企为例，如果缺乏中央政府进行国家层面的统筹，国企"地方政府自留地"的特性就会限制其实现缺乏竞争优势的产业链、供应链向省外、向西部地区延伸的可能性。概括来说，企业供应链和产业链在全国范围内的延伸取决于省级统筹、国家统筹的实现，以及区域共同市场和全国统一市场的形成。

第三，面向国际市场的开放。第三个层面的开放，即面向全球的供应链和产业链系统开放，更是企业实现技术进步的路径。具体表现为将部分企业不具备比较优势的劳动密集型供应链、产业链延伸至海外市场，例如东南亚国家。随着中国经济发展，劳动力、土地、环保、能源等成本的上升使得中国制造业在全球市场上的竞争力下降，中国作为全球制造业重要基地的地位似乎逐渐失去了吸引力，近年来越来越多的制造业企业开始将生产线从中国转移到成本更低的越南、马来西亚、印度尼西亚和菲律宾等东南亚国家，有的甚至选择直接关闭在中国大陆的工厂，这种变化趋势引起了国内对中国制造业外流的担忧。然而，针对这一现象，需要站在理性的角度看待。需要意识到，中国要避免外流的是高端制造业，低端制造业的外移其实是经济体发展到一定程度后，实现产业升级的必经之路，或者说是从数量型经济发展转型至质量型经济发展的必然。观察西方发达国家的经济发展史会发现，不管是欧洲国家还是美国，都经历过大规模的制造业转移，尤其是纺织业等低附加值的劳动密集型产业的转移。中国能够实现制造业的迅速发展、数量型经济的高速发展，正是得益于欧美制造业的外移。因此，应当动态地看待产业链、供应链外移这一现象。尤其是在当前外部环境存在风险、给予外向型企业无形压力的情况下，为了中国产品更好地出口国际，企业更好地走向国际化，在吸引核心产业留在中国的同时，将部分产业链、供应链开放延伸至东南亚国家不仅不可避免，也是值得鼓励的。

中国已经成为世界第二大经济体，但在跨国企业数量和企业总体国际化水平上都与欧美有着很大的差距，部分原因就在于其相对封闭的企业系统。因为中国企业的产品出口大多偏向于整产品出口，与国际市场和国际市场中的消费者缺乏相关性，难以打开海外市场。而欧美跨国企业通过其产业链、供应链的全球布局，深入地方经济，打开了海外市场，再通过海外市场的回报反哺国内的技术升级研发。因此，在美国等西方经济体对我们"卡脖子"和试图与中国"脱钩"、将中国赶出全球供应链体系的今天，"西方禁止什么我们就自己生产什么"这种技术层面的全面"替代战略"并不可行。随着全球劳动分工的细化和深化，国际的产业链和供应链体系早已形成了相互依存、共生发展的格局，只有与世界深度融合的产业链、供应链才能保持稳定、具有韧性。因此，通过开放将产业链、供应链延伸至全球，主动与世界市场挂钩，将自己绑定在全球价值链体系中才是大趋势。

根据今天产业发展现实趋势，中国企业应当考虑延伸供应链、产业链至东南亚国家。借助东南亚的土地资源、劳动力成本优势，在东南亚设立工厂，启用当地的供应链，进行部分零部件产品的加工制造，或是积极与东南亚服务企业合作，借助东南亚的专业技术人才优势，外包部分技术服务，在帮助国内企业规避外部环境带来的政策风险的同时，带动当地就业和经济发展，增加产品与当地消费者的相关性，这样才有利于企业海外市场的开发。企业在国内则可以集中投入产品的核心技术研发与升级，跨越"中等技术陷阱"。值得注意的是，在海外设立工厂，中国企业要避免出现供应链和产业链的"假开放"，即工厂设立在外国，但仍然大量聘用国内人员，大批使用国内供应的零部件的行为。这样的产业链、供应链延伸无法给当地带来新的经济活动和新的就业，当地的政府和民众都没有获得感，反而会对企业走向海外市场带来负面影响。

在当前全球化与现代化逐渐背道而驰、贸易保护主义盛行、外部环境面临压力的大背景下，中国想要跨越"中等技术陷阱"面临着许多阻碍，中国企业作为中国经济的主体部分想要实现技术升级也面临着许多挑战。总结西方企业的成功经验，可以确认的是，保持开放、坚持开放、构建开放的企业系统，是实现企业技术进步的关键一环。而要构建开放的企业系统，需要企业通过延伸产业链、供应链，实现企业之间、国内区域之间和面向全球的三个层面的开放。同时，除了企业自身应保持开放、实现观念和战略的转变，政府也应通过政策、立法干预，实现省级、国家级统筹推动建立全国统一大市场，以达成更精细化的全国、全球层面的劳动分工，助力企业完成技术升级，引导国家跨越"中等技术陷阱"。

　　在社会科学领域，任何一个新概念的提出都有其时代的大背景。"中等技术陷阱"这一概念也是如此。

　　在跨入 21 世纪以后的很多年里，中国学术界对中国是否会陷入"中等收入陷阱"有过一场持续的讨论。这是一个不容回避的问题，因为自二战迄今，只有为数不多的经济体跨越了"中等收入陷阱"提升为高收入经济体。但因为当时中国经济依然处于中高速发展阶段，这场讨论不了了之，因为很多人相信跨越"中等收入陷阱"不是中国的问题，而只是他国的问题。近年来，人们不再提"中等收入陷阱"的概念，而转向了如何通过实现高质量发展提升为发达经济体。虽然语境变了，但问题的核心依然与"中等收入陷阱"相关。

在世界范围内，只有少数经济体成功成为发达经济体，而大部分经济体不是长期陷入"中等收入陷阱"，就是依然处于低度发展状态。这个事实是中国学者不得不直面的。就外部环境来看，中国面临着异常严峻的挑战。改革开放以来，我们内部的现代化和外部的全球化是相向而行的，两者互相依赖、互相强化。但是，今天这个情况不再存在，世界呈现逆全球化甚至反全球化的趋势。美国伙同其盟友对中国的高科技实行"卡脖子"和"系统脱钩"。虽然美国在欧盟考虑到其企业的利益而使用"去风险"的概念之后也开始使用这一概念，但对美国来说，不管其使用什么样的概念，遏制中国发展的最终目标并没有任何改变。

中国面临的问题是：在这样的外部条件下，如何通过实现高质量发展提升为高收入经济体？

过去的数十年，我在北美、欧洲和亚洲学习工作，有机会对"现代化"和"传统"、"发展"与"不发展"、

"高收入"与"中等收入"等进行直接观察。通过对包括欧美、亚洲的日本和"四小龙"发达经济体，以及拉美与亚洲那些长期陷入"中等收入陷阱"的经济体进行比较分析，我提炼了一个新的概念，即"中等技术陷阱"。无论是发达经济体还是陷入"中等收入陷阱"的经济体，它们的经验都告诉我们，一个经济体要从中等收入水平提升为发达经济体水平，必须跨越"中等技术陷阱"。

近年来，我组织了几个研究团队就如何跨越"中等技术陷阱"进行研究。我们先是组织了几次不同形式的讨论，研究这一概念本身是否成立。在意识到这一概念的可操作性和可验证性之后，我们开始做实地调研，作为世界制造业中心的粤港澳大湾区为我们提供了方便的调研基地。在此基础上，团队成员分头对各个领域进行研究，并撰写研究成果。我们在对初步研究成果进行集体讨论的基础上，又进行了修改。经过一年多的努力，我们产生了第一批研究成果。《中国科学院院刊》

执行主编杨柳春女士对我们的研究非常感兴趣，而我们也意识到跨学科方法尤其是跨文理方法对于政策研究的重要性，因此双方进行了紧密的合作。作为首批研究成果的 11 篇文章以专题形式发表在《中国科学院院刊》第 38 卷第 11 期上（2023 年 11 月出版）。

本书是这个如何跨越"中等技术陷阱"研究项目的总论。虽然本书由我执笔，但大量吸取了其他团队成员的研究成果。实际上，对这样一个集体研究项目来说，虽然大家有各自的分工，但成果都是集体努力取得的。

因此，这里有很多团队成员需要感谢。香港中文大学（深圳）前海国际事务研究院团队成员包括袁冉东、王达、黄平、向勋宇、赖格、黄紫蓝、袁浩延、徐兰朦、孟渤（访问学者）、研究助理刘承乾、陈璐和肖博文；广州粤港澳大湾区研究院研究团队成员包括何冬妮、李明波、潘炫明、严兴、朱元冰、姜涵、易达、吴秋菊、刘艾雯、柯怡安、卢艳、史永丽和方伟创；华南理工大学公共政策研究院研究团队成员包括谭锐、蒋余浩、郭海和陈佳慧。这些团队的大部分成员参与了成果的写作，也有一些团队成员贡献了他们的思想。

　　此外，在研究过程中，香港中文大学（深圳）前海国际事务研究院的行政团队给予了有力的后勤服务支持，尤其要感谢王心言、林佳莉、冯箫凝、杨迪雅、白江蕾和张安然。应当强调一下，本书仅仅是第一阶段研究成果的一个总论。第一阶段的总成果《如何跨越"中等技术陷阱"》也会在后续问世。在第二阶段，我们的研究团队将在世界范围内对"中等技术陷阱"现象进行更广泛和深入的比较研究。希望读者能够给我们提出宝贵的意见，同时也欢迎感兴趣的学者加入我们团队的研究。